旅あるいは回帰

イベリア半島の古都と村

吉田優子

yoshida yuko

石風社

旅あるいは回帰——イベリア半島の古都と村＊もくじ

〈スペイン語の道〉を辿る旅

修道院スソ

その修道院は、スペインの北部リオハ地方の山中にある。地上に突き出た岩盤の洞窟を取り入れて建てられている。名を〝スソ〟という。ラテン語で上の方という意味とのこと。ロマネスク様式の回廊からは、深い谷間が見渡せる。風の日は山の唸りに晒され、晴れた夜は満天の星に囲まれる。周りの山では鳥が鳴き、雲は目の前までやってくる。小さな修道院だが、西ゴート、アラブ、ロマネスクとスペインを通り過ぎた異なる文化の跡が建物には刻まれている。今は誰も居ない。だが其処で最初のスペイン語が生まれたというので、時々人が訪れる。すると一人の僧侶が鍵をぶら下げて現れる。

初めて登った時は、一月の寒い午後だった。案内の僧が谷を見下ろす回廊でスソの歴史を説明している最中、不意に鳥が鳴き始めた。向かいの山からだった。冷たい静寂を突き破って高らかに鳴き続けた。その鳴き声は周りの山々に木霊した。僧は説明を中断した。たった一羽でひとしきり鳴くと、始めた時と同じにぴたりと止めた。僧は再び話し始めた。わたしの方は一度も見ず、一緒に行った連れのスペイン人にだけ目を向けて話し続けた。もっとも当時のわたしの語学力では半分もわからず、後の半分は勝手な想像で聞いていたのだが。

谷間の底にもう一つの修道院の塔が見えた。十六世紀にスソから別れて建てられたものだという。名はユソ、下の方というラテン語だとのこと。今は全ての業務は、そのユソで維持されているそうだ。

回を重ねて訪れる内に、其処で生まれたスペイン語がどのような過程を経て豊かな言語に確立していったのかが、少しづつわかっていった。何を呑み込むにも、わたしは人の二倍三倍の時間がかかる。

スソは他の修道院と同じように、幾世紀もの間製本写本をやっていた。祈り、農耕と共に主な仕事の一つだったという。畑、家畜場、作業所が周りを囲み、建物の内部には写本のための一室があった。羊や牛の皮を剥ぎ、より上質な物を作るためには生まれたての赤子の皮まで剥ぎ、洗い上げられ干され、加工された。全てが修道院の僧たちの手でなされていた。写本の僧たちは、出来上がった羊皮紙に原本を書き写していった。文献はすべてラテン語、一字一句を厳密に写し、きれいな色取りの絵も入れられた。

修道院の内部は、狭い窓から射し込んでくる光で仄明るい。そこに立っていると、濃い静寂がひしひしと迫ってくる。写本の僧たちの気配が感じられる。彼らの黒い後背、手の動き、聞こえるものは羊皮紙をめくる音、紙をこするペンの音、風邪気味の僧の咳、そして山を渡る風。遠い世界のこと、見知らぬ世界のこと。だが、山間の修道院の一室で一つの仕事に全神経を集中している彼らの姿は、千年の隔りを越えて懐しい。

牧畜や農耕に従事している僧の中には、公用語のラテン語を読めぬ者がたくさん居た。当時の巷では、ラテン語が俗化したロマンセという言語が話されていた。書き言葉はまだ持たなかった。只、遍歴の吟遊詩人たちはわが奏でる物語や詩をその話し言葉で書き留めていたという。だが記録になって残ってはいないそうだ。

ある時一人の僧が作業の途中、書き写していた羊皮紙の余白に短いコメントを書き加えた。ラテン語の文献の一部を注釈したものだった。その一文はたいそう大事なものだったので、ラテン語を読めぬ僧にも理解できるよう、巷の俗語で書かれた。十一世紀のこと。ロマンセが初めて書き言葉として公に現れたのが、その覚え書きだった。だが、そんな大胆な事をした僧の名は知られていない。修道院のどこにでも居る写本僧のうちの一人、無名の人である。一財産もの値打ちのある公の本に、落書めいたことをするなんて……。ところがそれがスペイン語の源泉となった。十世紀を経た今では、国の宝物になっている。

山道を下った所にあるユソの修道院では、ガラスケースの中に納められたその羊皮紙の本を見ることができる。ページが開かれているので、落書めいた最初のスペイン語なるものも直接目に入る。

実物ではない。そっくりそのままに製本写本された物で、本物の方はマドリッドの国立博物館が持ち去ったと、修道院の僧侶は言った。ガラスを透かして見る件の文字は、そのページの余白に寄り固まっている。小さな丸っこい字だ。本文のラテン語書写から、ちょっと息を抜いてメモされたようにかわいらしい、千年前の一人の僧の筆跡である。

初めてそれを見た時、とっさに千曲川の源流が思い浮かんだ。岩間にちょろちょろ湧き出して雪の戦場ヶ原に向かっていたあの小さな流れ。

羊皮紙の片隅に湧き出した文字は、目に見えぬ流れとなって周辺の修道院に広がっていった。あちこちで写本の僧たちは俗語のコメントを書き込み、その三世紀後には同じスソの修道僧、ベルセオのゴンサロという人は聖母マリアに捧げる詩をそのロマンセで書いた。ベルセオは近くの村の名、彼はその村の羊飼いの息子であり、修道院に入ってから幾つもの優れた詩を残したという。

ロマンセは次第に整い豊かになっていき、文法が作られ、一つの新しい言語として確立していった。

それがスペイン語である。

旅のみちすじ

その発展の過程を巡る旅がある。〈スペイン語の道〉と名付けられている。詳しくは知らぬが国が後押ししているもので、まず皮切りに王さま御夫妻と国のお偉方で最初の旅はなされたとのこと。今は春と秋の二回、そんな名士とは無関係に、スペイン語やその文学に興味のある外国人が主に参加する。企画者はいつも同じクレメンテという人物で、分厚いテキストの作成も途上の案内も一手に彼が引き受ける。そして我が母国語に抱く熱い思いを外国人にも吹きこもうと務める。メンバーはその時によって違うが、十人から二十人位のグループになる。スソの修道院から始まり、ロマンセの成長に深い関連のある古都を巡り、セルバンテスの生家のあるアルカラ・デ・ナリスという古い大学都市を終点にした一週間の旅である。一度は個人的に、三度はグループと一緒に、わたしは四回もその旅に参加した。スペイン流の、まあゆったり行こうよ、どうにかなるさとは違って、かなりハードな旅であるが、御墨付きの特権を持っている。

一年の半分は冬という悪名を持つバヤドリードが、スペイン語の発展に果した役割は大きいという。わたしは冬の間をこの街に滞在する。十六世紀の一時期、此処に首都が置かれた影響で、国土に広がっていた新しい言語はバヤドリードと近接の大学都市サラマンカで豊かに成熟したとのこと。旅では三日めに立ち寄る。

かつてスペイン帝国の首都であったこと、古い大学を持っていること、ミゲル・デリーベスという作家が住んでいることなどがバヤドリード人の誇りらしい。通りを歩いていると一人か二人の顔見知りに出会うような規模の街だが、スペインで最も美しいスペイン語が話されるという定評がある。

街には小さな本屋さんが多い。たいてい一人か夫婦だけで維持している。本に関してはとても豊富な知識を持っていて、尋ねればコンピューターより速く答える。わたしたちの都市からは多分もう消えてしまったそんな本屋に心引かれて、時々ふらりと入っていく。週刊誌・月刊誌の類は売られていないので、立ち読みはできない。天井までびっしり本の積まれた書棚に囲まれて、犬が眠っている、その側で店主は本を読んでいる。マロニエの木立とベンチのある広場の角や、教会脇の裏通りなどに看板も何もなく点々と有るが、商売の方はどうやら成り立っているらしい。そんな本屋さんの存在も、バヤドリードの歴史と雰囲気を象徴している。

スペインを代表する現代の作家、ミゲル・デリーベスは、生粋のバヤドリード人だ。今では病気がちで家に引き籠っているという。たまたま散歩している彼の姿を見かけた人は、まるで幸運に巡り合ったように知人たちへ吹聴する。それを聞いた人は、自分が見たわけでもないのに、また他の人へ伝える。わたしのような余所者にさえ。

「きのう、サンタ・クルース広場で日向ぼっこしてたんだって」

わたしも辞書をくりながら、彼の小説を幾つか読んだ。だから、真冬のバヤドリードに一人で居る時、同じ街のどこかにミゲル・デリーベスが生きていると思い出すだけで寒い日暮れに遠い灯を感じたような気になる。

バヤドリードがスペインの花形であった十六世紀、宮廷を中心にした富が盛えロマンセの文学が花開いた一方では、ペストに襲われ宗教裁判で異端と見なされた者が火焙りの刑にされ、悲惨と栄光が混沌としていた時代であった。カトリックの勢力が特に強かったこの都にルター派のセクトが生まれ、秘かに活動を続けていた。異端裁判は凄まじい拷問と処罰でその流れを根こそぎ断ち切ったという。

ミゲル・デリーベスは当時のバヤドリードを背景に、一人の主人公を軸にした長編を書いた。七十代後半、彼の最後の小説である。

誕生と同時に母を失い、それ故に生まれた時から父親の冷ややかな憎しみに晒された主人公が知らず知らず運命の糸に操られて終局へと近づいていく構成になっている。終章の記述はリアルで生々しく、読む者の胸を抉る。神への反逆を表す異様な囚人服を着せられ、拷問でボロボロになった異端者の列が晴れ着を身につけた見物者の人垣の中を歩いていく。火焙りの場を目の前にした異端者の姿は心に突き刺さってくる。読む者も一緒になって狂う。決して強い信仰に支えられた敬虔な殉教者ではなかった。土壇場を前に、恐怖で狂う生身の人間の光景だった。その凄まじい場面は更に観衆を興奮させた。だが、その渦の中に静かな一隅が生じる。主人公のシプリアーノ、生まれた時から不幸を背負っていた彼は、誰に憐みを求めるでもなく誰からも悲しまれず、自分の死を直感している動物のように、まもなくあの火の中で焼け死んでいくだろう事を感じている。異端者が一人一人火刑台に向かうロバに乗せられている時、群集の中から一人の女が現れた。兵士たちの槍を押しのけ押しのけ、シプリアーノに駆け寄ってきた。「シプリアーノ、わたしの愛しい息子。やっとやっと会えた」。泣きながら彼の窶《やつ》れはてた顔を抱きしめた。シプリアーノを愛した唯一の人間、そしてシプリアーノが愛した唯一の女、母親のように育て守ってくれた乳母のミナだった。十四歳の時に別れ成人してからもずっと捜し続けていたあのミナだった。拷問で視力を失った彼は、すぐ側にあの愛しい声を聞き、暖かい体を感じた。そして神の両手でそうっと庇《かば》われたように、大きな安心感に包まれた。

ルター派の中心人物だったドクトル・カサージャは、実在の人物であった。昔、彼と母親が暮らし、秘かに集会をしていた家のあった通りは、「ドクトル・カサージャ通り」と呼ばれている。冬季には冷たい風がヒューッと吹き抜けていく裏道である。あまり陽の射さぬその路地を歩いていると、バヤドリードのもう一つの雰囲気が胸を掠めていく。

ほんの少しの御墨付きのおかげで、普段は入れぬ修道院の図書室や大学付属の歴史ある図書館も見られる。鍵が開けられ中に入ると、古書の匂いがふわりとわたし達を包み込む。黒いスーツの管理者が、書棚から取り出した本を白手袋の両手に抱えて運んでくる。羊皮紙の古書は、どれも大きくてたいそう重い。中央の古めかしい机で一枚づつめくりながら、本の歴史を説明してくれる。外国人ばかりのグループは、その内容を聞き取るためには全神経を声に集中しなければならない。ドイツ人のブルーの目、スイス人、ベルギー人、イギリス人のいろんな色、日本人の黒褐色の目がその人をじいっと見る。すると彼はふっと説明をストップし、「ちょっとなら触ってもいいですよ」と言う。

「素手で？」

「もちろん」

わたし達は恐る恐る指の先で一瞬だけ紙面に触れる。本当はしてはならぬ事だろうが、そこはスペイン人だ。生まれたての小牛の皮から作られた物は白く柔らかく、雄羊の皮の方はごわごわして、目に見えぬ毛穴もある。

古書のラテン語はわからない。だがその中に描き込まれた絵が目を引きつける。黄、赤、青、緑などの原色で彩られた細密画だ。木や花、かわいらしい動物、そして人が途中から怪物に変化しかかっているような姿が随処に挿入されている。千年前、八百年前六百年前の描かれた当時の色合いがそのまま残っているという。実に鮮やかな黄だ、赤だ。悪夢の中で見るような怪奇な姿や、意識下の欲望を剥き出しにした男の顔、どれも修道院の僧の手で描かれたと管理者は説明する。神に仕え、祈りと勤労に明け暮れる隠遁生活の中で、わが心の奥を見据えねば描き出せぬようなそれらの細密画は、ラテン語の美しいペン字の間でみょうに生々しい。人間の、そしてカトリックの底の深さに一瞬触れる思いがする。バヤドリードの図書館でもサラマンカ大学でも、そんな絵を見た。

ある修道院では、奇妙な小穴を見た。羊皮紙の本ばかりが置かれている頑丈な本棚の背に、抜け穴が作られていた。「これは何」と誰かが尋ねると、案内していた僧は答えた。

「猫の通り道」

猫はネズミを喰らう。ネズミは本を齧って羊皮紙を腹いっぱい食べる。生き物の皮で出来た本は、ネズミの好物だそうだ。修道院では本を守るための一つの方法として、猫を飼っていたとのこと。でも小型の猫だったろう。穴道は狭く、太った猫は通れない。今も通るのかという問いには、多分たまにはと長閑に言った。

サラマンカ大学の図書館は、年配の人が管理している。御墨付きグループに三回参加したので、わたしは三回その人物に会った。たいそう小柄なその人が白髪の疎らな頭を上げて、誇らし気に説明する顔をよく覚えている。今度の旅では、巨大な本になった世界地図を見せてくれた。十六世紀、日の沈まぬ国と傲《おご》っていた時代に作られたもので、カラフルな絵地図である。彼は大きな男女の間から覗いているわたしを見て、日本国を描いたページを開いた。海に囲まれたわたしたちの島は優美な弓形ではなく、太っていた。だが北海道も四国も九州も揃っていた。思わず、「わたしの家は、ここに有ります」と九州の真中を指さして言った。そして、ふと思った。千五百年代の海に囲まれた島も、当時のスペイン帝国の目には見知らぬ財宝のいっぱい詰まった国に見えていたのかもしれぬ。もしあの頃南米の国々と同じ運命に陥っていたら、どうなっていたろうと。

　その人の話は続く。膨大な数の蔵書に囲まれた室内に、高い窓から陽が射し込んでいる。光の道がくっきり見える。天井の高い空間を斜めに横切り、床に光の模様を作っている。

　説明が止むと、静寂が戻ってきた。グループも一人一人の個体になって、図書館の中を巡り始めた。

　わたしはその空気をいっぱいに吸い込んだ。もう二度と来ることはないだろう古い図書館の匂いが、胸の奥まで入ってくる。そして心は人間の強固な精神力と限りのない探究心を触覚する。一つの言語は長い時をかけて人間の多様な精神に漉《こ》されながら、豊かになっていくものだという事を実感する。


　サラマンカの入日は、トルメス川の西に広がる野の地平線に沈んでいく。対岸の丘陵に立つその街は、落日の間中ほぼ水平になった光線に包まれる。

　サラマンカは、一見黄色がかった石の街である。近隣の山が産出する石材で築かれたという。

木も緑も乏しい。だが日没の時間帯には、深い金色の輝きを帯びる。十三世紀の初めに創立された大学もカテドラルも、数々の修道院もいっせいにその夕日の中に入る。路地の奥にも、黙々と射し込んでいる。

旅では四日目に訪れる。

今も昔も学生の街、大学の街、たくさんの若者たちが学び集う。各国からやって来ては去り、数々の恋が生まれては消える。このサラマンカ大学も、スペイン語の成熟に重要な役目を担っている。旅では街のガイドさんが大学を案内する。

「八百年近い歴史の中で、大学は幾人もの傑出した教授群を持っていました。今でも語り伝えられている人がいます。その内の一人がフライ・ルイス・デ・レオンという長い名を持つ人」

と、彼女はその逸話を語り始めた。

神学の教授だったという。彼の講義の内容が、当時の宗教裁判で異端審問に触れた。十六世紀半ばのこと。そして牢獄に放り込まれた。四年間を牢屋で過ごした後、再び教室に復帰した彼の最初のことばは、

「先日此処で諸君に伝えたように」、であったという。異端審問に触れた講義は、再び淡々と続けられた。まるで四年間の牢獄など無かったかのように。

「小さな街サラマンカの住民は、この風変わりで著名な教授を誇りにしていました。学生も大学も彼を愛しました。当のフライ・ルイスもわが大学わが街に強い愛着を持っていました。今でもわたし達の誇りです」

世界遺産の街のガイドさんは、そう言った。その教授は再び牢屋に入れられたのかという誰かの質問に、彼女は知らないと答えた。

十五世紀にスペインを統一した雄々しい女王イサベルの息子フュアンも此処で学んだ。だがサラマンカの色町で梅毒に感染し、強大な帝国を継ぐことなく学業半ばで死んでしまった。

スペイン語の最初の文法は、十五世紀の終わりこの大学で作られたという。

街には二つの異なる人の流れがある。いつも去っていく学生やツーリストの流れ、もう一つはわが町を愛し旧来の生活習慣を頑固に続ける土地っ子たち。二つの流れは時に共存し時に並行する。

街の顔でもあるマヨール広場の宵から夜にかけては、二つの流れが入り混じる。乾いた大気の奥でいつまでも暮れぬ空の紺が深まり外燈が点ると、広場は人でいっぱいになる。老いも若きもやってくる。土着の人も学生もツーリストも集まってくる。多分、大勢の人間に混じって、そのどよめきの中で一時を過ごすために。方々に置かれた石の腰掛けには、此処で生まれここで生涯を終えかけている人たちが、暮れていく時を楽しんでいる。観光客は広場の一角にあるバルのテラスを陣取り、ワイン片手に自分の国の言葉で笑いさざめき、学生は石畳みの地面で喋ったり歌ったり。時には同じ腰掛けに隣り合わせた土着の老人と無頓着な若者の間に、会話が生まれたり。その周りを人がひっきりなしに行き交う。広場の活気と雰囲気は、人の心を浮きたたせる。過去の不幸な時代を除いてはいつもそうだったろうし、百年後も変わらないだろう。夜が更けると、広場は若者たちの世界になる。歌声や騒ぐ声が遅くまで続く。

そして石の街の路地には、神秘的な闇と沈黙が戻ってくる。六百年前も六十年前も同じであったろう路地の暗闇を、外灯の明りが仄かに照らしている。

旅のグループもここでスペイン語の歴史の他に、広場の宵や夜半の路地の雰囲気を味わう。

標高約千二百メートルの高さに立つアヴィラは、周囲を強固な城壁で囲まれている。修道院や教会が幾つもあり、カトリック色の濃い町である。高地の澄んだ光の中を、時々尼僧の姿が影のように横切っていく。ここにはネオンがない。代わりに外灯の明りが冷たい闇に並んでいる。寒さは名状しがたく、夜の沈黙はサラマンカの旧市街より更に深い。

〈スペイン語の旅〉は、この町も訪れる。

バヤドリードから電車で一時間の近さなので、その前にも度々行ったことがある。列車がカスティーリャの野を抜け岩の転がる山地に入ると、行く手にアヴィラの城壁が現れる。地と空の間に、大きな弧をなして立ちはだかる。その周囲には一瞬、非日常の空間が覗く。中世時代に築かれた当時の姿を保っている。列車はその中に入っていく。町の暮らしは昔も今も、その高い城壁の内部で営まれてきた。

ミゲル・デリーベスの代表作「糸杉の影は細く長く」——日本語ではそんな意味になる——では、二十世紀初頭のアヴィラが背景になっている。当時の町の雰囲気が煮つまった形で描き出される。

凍てつく夜、雪が降っている。町に人影は無い。一台の馬車がその中を走っていく。馬車には、これから寄宿教育に送られようとしている少年とその叔父がのっている。二人とも無言だ。少年には両親がいない。馬車の外では雪の闇の奥から遠い灯が、現れては消える。少年の目は通り過ぎていくその灯を、じっと見つめている。少年の心が見ているのは、灯の許に居る家族の姿、両親の居る暖かさ。アヴィラには、お金と引き代えに親の無い子や何らかの事情で親と一緒に暮らせぬ子を預かって、教育してくれる家があった。

少年を出迎えたのは、疲れ切って冷ややかな顔をした中年の夫婦だった。お金を渡した叔父は直ぐに帰っていった。

小説はその場面から始まる。読みながら、心の芯まで染みるような寂しさが伝わってきて、人の優しさや笑い声、鳥の朗らかな鳴き声、光でもなんでもいい、そんなものがむしょうに恋しくなる。寒さと暗さ、そして軽やかな生命へのノスタルジアが小説全体を貫き、アヴィラの雰囲気となって読む者に焼き付けられる。

少年が寄宿することになった家の夫婦は、アヴィラのその雰囲気が目にも顔にも体にも滲み込んでいるような人たちだった。喜びの乏しい暮らしをしていた少年にも厳格な規律と勉強の日々が始まる。だがその家にはまだ幼ない女の子と老いぼれかけた犬が居た。その一人と一匹は、少年が自分たちの家にやってきたのを心から喜んだ。何回もの冬に被われ、短い夏が過ぎ、少年は成長していく。女の子も成長していく。だが家の雰囲気も凍てつく町の寒さも変わらない。少女じみてきた女の子は時々母親の口調を真似し、疲れた顔をする。

小説はそのように展開していく。

犬と女の子のように、カトリックの重っ苦しい支配のもとで寒さと貧しさを抱えながら暮らす人々の間に見え隠れする軽やかな喜びは、とても印象的だ。

この灰色っぽい石の町の、もっと寒い石の修道院で、十六世紀後半スペイン語で著作を続けた二人の僧がいた。一人はサンタ・テレサという尼僧、もう一人はサン・ファン・デ・クルースという修道僧、その二つの名は城壁と共にアヴィラの象徴になっている。

旅はこの町で二人の跡を訪ねて回る。

彼らは著作を通して、華美化し複雑化したカトリックに、生来の真摯さと明解さを取り戻すことを訴えた。その宗教に全く縁の無いわたしも、旅の途上ではグループの仲間と一緒に二人について勉強しなければならない。それに依ると、サンタ・テレサの文体は簡潔な生活語で書かれ、言葉に習熟していない巷の者にもわかる内容だった。彼女自身たいそう質素な生活を通し、自分に厳しい実際的な人柄で、物事を誇張して言うことを嫌ったそうだ。

わたし達もその一つを読んだ。彼女が実際に経験した出来事を書いたものだった。ある日教会に籠って一人祈っている時、天使が現れた。手に銀の矢を持っていた。ふわりと彼女の側に下りると、銀の矢を乳房の辺りに突き立てた。鋭い痛みと恍惚感で、一瞬気を失いかけた。我に帰った時はもう胸に銀の矢は無く一人だった。「それは神と結合した瞬間だった」。サンタ・テレサはそう記述していた。

十六世紀後半、アヴィラの空気は神さまへの期待感にびんびん震え、人が生まれた時からそれを呼吸していた時代の出来事である。

もう一方のサン・ファンは度々サンタ・テレサの修道院を訪れ、格子の張られた小窓越しに語り合ったそうだ。一つだけだが、彼の詩も読んだ。

一人の貧しい僧が、気配だけを残して姿を見せぬ神を捜し回っている。道端の羊飼いにたずね、森に咲く小花の陰を捜し小鳥にたずね、野を横切り川を渡る。まだ純な心を失っていない少年が一人の少女を全身全霊で恋うような、激しく甘く満たされぬ感情が、詩の行間から溢れ出る。昔、覚えのある感情、だが言葉にはならなかった思いを、目の前に読んでいるような気がした。

今ではアヴィラも世界遺産の街、いろんな国から観光客がやってくる。日本のツアーにも何組か会った。だが、観光地の顔の背後には城壁に囲まれたカトリックの町の雰囲気が、色濃く漂っている。光の明るいお昼間だって、ひょいとそれが現れる。


旅の最後の街は、アルカラ・デ・アナリス、セルバンテスが生まれた家と古い伝統を持つ大学を訪れる。その世界的な文豪の生家は、中庭に井戸を持つありふれた家だ。金持ちではなく、それ程貧しくもなく。死後の有名さに反して、セルバンテスは生きている間中あくせく働き、レパントの海戦では片腕を失い、借金に追われ、小さな事件で二、三度牢屋にも投げ込まれたという。バヤドリードでは殺人犯とまちがえられ、再び牢屋に入れられたそうだ。運のつかぬ一生らしかった。

その中から、ドン・キホーテが生まれた。

身の回りにも居るような、自分の幻想に囚われるあまり痩せこけて貧相な五十半ばの男が、なぜ世界の文学者から関心を寄せられ、それとも愛され、批評家たちの分析の対象になっているのか、謎である。

〈スペイン語の旅〉とは別に、一年前、ドン・キホーテの生地マンチャ地方を旅したことがある。赤褐色の大地に呼応して、幾つかの雲がおもしろい広がりになって流れていた。どこかの国の批評家は、こんなに地も空もだだっ広く影もない暑いばかりの土地では、ドン・キホーテが生まれるのも道理だと評している。セルバンテスはそのマンチャ地方で税金取り立ての仕事をしながら、家計を維持していたそうだ。太陽の照りつける乾いた大地に蠢くものは、片っぱしからドン・キホーテの幻想に変えられていく。赤褐色の大地の遠くに、老いぼれた馬に跨った男の姿が浮かぶ。一瞬、目がそれを追う。後姿は煌めく陽光の中を豆粒になって遠ざかる、とぼとぼと。心は確かにそれを実感した。ふしぎな事に此処では、あまりにも有名になったドン・キホーテは小説の主人公などではなく、かつて本当に実在した人物のような錯覚に陥る。あちこちに立つ風車や羊の群と共に、ドン・キホーテの見えない像もマンチャ地方の乾いた野を彷徨っている。

セルバンテスの生家、石畳みのパティオにある井戸は、その家族の暮らしを語りかける。井戸水は産湯にも使われ、想像力に富んだ坊やはこの周りで遊び回ったことだろう。キラキラした眸の子だったかもしれない。突飛なイタズラをしでかしては、お母さんに叱られていたかもしれない。

わたしは四回この家を訪れたが、四回ともいろんな国の観光客でいっぱいだった。

アルカラ・デ・アナリスの伝統ある大学にも、逸話が幾つか有る。今回は若い学生がわたし達を案内して回りながら、それを話してくれた。

十五世紀に建立された大学で、貧しい学生たちは授業料を免除されていた。だが交換条件があった。裕福な学生たちの身の回りの世話をすること、冬季の教室の座席温めなど。

寒くなると、彼らは早めに教室に入らねばならぬ。そうして前の方の席に腰かけて待つ。しばらくすると授業料を払っている学生たちがやってくる。前者は立ち上がり後の座席へと移動する。金のある方は一瞬前まで元気のいいお尻が暖めていた座席へ、悠々と腰かける。金のない方は寒い教室の硬く冷たい席に、再び座る。そして一緒に講義を受けたとのこと。

学業を終えると、卒業試験が行われた。全てが口頭で、教授の質問に学生はきちんと論理立てて答えていかねばならなかった。幾つもの関門を突破して合格した学生は大学の東の出口へ、不合格者は西の方へ。西の出口には多くの学生や町の人たちが待ちうけ、首うなだれた不合格者を袋叩きにした。憐れな学生は這う這うの態で逃げ帰り、他の者にとってはストレス発散の恰好の場になった。

銀の耳環に破れたジーンズの学生が澄ました顔でそんな話を披露すると、彼の三倍くらい年上のわたし達は笑いこけた。

旅を終えて

旅が終わりに近付き、七日間を一緒に過ごした仲間は次々に自分の国へと帰っていく。わたしは一人になってバヤドリードのアパートに戻り、しばらくは堪え難い寂しさに包まれる。だが、その空間で考える。

山間の修道院で最初のスペイン語が湧き出しかけていた十一世紀、日本の貴族社会では『源氏物語』が読まれ、美しいかなの名作が幾つも生み出されていた時代だった。『更級日記』の作者が少女時代、長い憧れだった『源氏物語』を手に入れ、夢中で読んだという日記のあの箇所は忘れられない。昼も夜も読み耽っている少女の心は、その千年後に生きているわたし達にも共通する。

ヨーロッパの端を占めるイベリア半島と、ユーラシア大陸を隔てた海に浮かぶ日本列島の同時代、一方ではラテン語から派生した文字が生まれたばかり、もう一方では漢字から作り出された仮名文字の文学が花盛り、互いに知らない無縁の地で各々の言語の歴史は、画期的な時代を迎えていた。

そんな事を考えると、空気同然になっている自分たちの言語に改めて興味が湧いてくる。だが、その歴史も美しさも意識することなく年老いかけている。

帰国したら古典を読み直してみよう。日本語の歴史も少し勉強してみようと、小さな希望がぽっと灯り、寂しさは薄れる。

修道院のある村、サント・ドミンゴ・デ・シロ

三つの道

サント・ドミンゴ・デ・シロに行くには、三つの道がある。一つは谷川の流れに沿う曲がりくねった道、片側には奇妙な形の岩壁がそそり立つ。広大なカスティーリャ平原の一つの裂け目にできた道である。もう一つは平原の北に散らばる小村を巡る乗合バスの道、最後の一つは北の古都ブルゴスとサント・ドミンゴ・デ・シロを結ぶ道路、麦畑や野を両側に見ながら走る。

一つめの道はもう忘れかけられていて、通る人はあまり無いらしい。だが何故か地図にはちゃんと記されている。

二つめの道は車を持たぬ人の道、カスティーリャの村には、車なしで暮らしている人も多い。もっともバスは一日に一往復しか走らない。朝八時半にサント・ドミンゴ・デ・シロを発って野に散在する小さな村々を回りながら、ブルゴスに行く。帰りのバスは夕方五時半にその街のバスセンターを出る。日曜日には走らない。道は悪く、乗合バスはがたがた揺れる。

人はもっぱら三つめの道を使う。もちろん真っ直ぐではないが、五十分弱でブルゴスに着く。夏季には野性の花が咲き乱れ、小麦畑は一面の黄に熟れ、その上にスペイン特有の空の青が広がる、新しい道だという。

村の家々は、サント・ドミンゴ・デ・シロという長い名を持つ修道院を取り囲むように寄り集まっている。だから村も同じ名で呼ばれている。覚えるのに時間がかかる。

千年の歴史を持つ修道院は、今では世界遺産になっている。その教会で黒い衣の僧たちが日に六回の祈りを唱える。それがグレゴリア聖歌である。モノトーンな歌に聞こえるが、神に捧げる祈りとのこと。カトリック信者であろうとなかろうと、そのグレゴリア聖歌を聴くために外部から人がやってくる。

村は修道院の鐘の音で明け、鐘の音で暮れる。その後の沈黙は濃く、次第に消えていく鐘の余韻は最後の音色まで伝わってくる。水の流れの音も鳥の鳴き声も、だれかの名を呼ぶ声もくっきり響く。

夕方には羊の群が鈴を鳴らしながら戻ってくる。ロバも犬も羊飼いも羊も、同じ歩調でゆっくり歩く。夕日を浴びながら、みんな後姿になって村の坂道を登っていく。羊の数は年々少なくなり、羊飼いも年々老いていく。

村はどこを歩いても家畜の匂いがする。浅い谷間の片側にあるので、登るか下るかのどちらかだが。坂道には乾いて丸い羊の糞がころころ転がっている。

道ではあまり人に会わない。たまに泥やら藁屑のついた青い作業服の男とすれ違う。世界遺産を目当てにやってきた人たちは、広場に車を止めすぐ脇にある修道院へ直行する。ロマネスク様式の見事な古い柱が立ち並ぶ回廊を巡り、昔の僧たちの学問と労働の跡を見物すると、修道院の一隅にあるおみやげコーナーに立ち寄る。売り手は僧の筈はないと思うが、実に不愛想な男から小物を二つ三つ買う。それから最後に夕べの祈りになるグレゴリア聖歌を聴くと、車かマイクロバスに乗り込んで帰っていく。

村には他から来た者の目を引き寄せるものはない。どんな辺鄙な村にもあるバルが数軒、もっとも訪問者の足が遠のく冬場には、カウンターの中では店主が欠伸している。それとも薄汚れたガラス越しに空っぽの道を眺めていたりテレビを見たり。そんな時何処かの余所者が入っていっても、退屈そうな目を向ける。その他には三軒の宿がある。個人でグレゴリア聖歌を聴きにきた人たちは、泊まることもあるらしい。生活に欠かせぬ薬屋が一軒、曲がり角には食料品を売る小さな店も一軒ある。共同の洗い場もまだ残っている。そこを通り抜けた水は、下の小川に注ぎ込む。

夕方七時半に始まるミサには、だれでも自由に参加できる。村の人はこざっぱりした身なりになってやって来る。スペイン人ばかりではない。長身のドイツ人やアメリカ英語で喋る女性も、小さな日本人も村人に混じって祭壇に向き合ったベンチに腰掛ける。ミサの間、村人は僧たちと一緒に祈り、外部から来た者もその祈りの作法には従う。

ミサが終わって外に出ると、六月であればオレンジ色の夕映えに包まれる。冬であれば出口を一歩出たとたんに、凍る闇と満天に星の広がる空に囲まれる。その地では、星々は強い光を放つ。

世界遺産を持つ村は、今のところ観光客の足を引き止める施設を何も持たぬから、金儲けに鵜の目鷹の目の雰囲気も無い。修道院の過去の栄光と村人の地道な慎ましい暮らし、それと静寂が共存している。今の所、だが……。

巡礼の道

サント・ドミンゴ・デ・シロという名を初めて聞いたのは、五年前の冬のことだった。

少人数の外国人に語学や文学を教えているクレメンテは、その頃年配の学生を対象にして〈スペイン語の道〉というコースを辿る旅を企画していた。千年前山深い修道院の一隅でちょろちょろ湧き出したことばが、数世紀をかけて滔滔とした流れとなり全土に染み込み新しい言語を確立していったその過程を見て回る旅である。そのためにはまず自分の目と足で道が繋いでいる修道院や大学都市を確かめていかねばならない。

サント・ドミンゴ・デ・シロはその一つである。

クレメンテは下調べの旅を計画した。だが真冬の寂しい季節だったし、彼にも初めての土地だったから、一人で行くのは心細かったらしい。そこで同年代のわたしを誘ったのだった。

彼はすり切れた地図を広げて、カスティーリャ北部にある修道院の位置を確かめ、道順を調べた。わたしにはよくわからなかったが、地図の中のある村を指さし、ごらん、道はここから出ている、まずこの村まで行くことが先決と言った。ちらっとそれを見ながら、なんと古ぼけた地図だことと思った。

その当日はまだ星の光るうちにバヤドリードを出た。

車の中でこれから訪ねる村の名を言おうとする度に間違え、いちいちクレメンテに訂正される。人生の半分を語学教師で過ごしてきた彼は、ことばの間違いに過敏だ。だが訂正される方はだんだん気に障ってくる。長いし、おまけにスペインにはサンタやサントのつく地名がむやみに多いし、そんなに簡単には覚えられない、と彼に言う。

車は次第に明けていくカスティーリャ平原を、北に向かって走り続ける。

まもなく東の遠い地平線に陽が現れた。薄白い空を真紅の巨大な玉になって登ってくる。霜に縛られた大地が銀色に光り始め、車の中にもその光線は入ってくる。外部の気温を示す車のセンサーは零下五度、地は凍って固い。

朝日はゆっくり増していき、やがて頭上はきれいなブルーの広がりになった。快晴だ。

「いい天気だ。日は煌めき、なのに空気は氷。カスティーリャに特有の冬日」

クレメンテが言う。センサーはあい変わらず零下を表示している。

一時間半、二時間、野では霜が溶け始めた。と、いきなり、光の満ちた青の空間を何かが直下降した。

「タカだ」。クレメンテの声が大きくなる。

「何か動く物が居たんだ」

ふり返ると、点になった鳥が地に止まっている。見渡す限りの平原、タカの目は地上のどんなに小さな生き物の動きも容易にとらえられるだろう。この地方では、よく見かける。

道路の片側に、ある村の名を記した表示板が現れ、車は止められた。

「確か、この名だった。そうだったね」

クレメンテは尋ねる。

「はて？」。わたしは首を傾げ、再びあのすり切れた地図が取り出される。まちがいない。主要道路から逸れて少し走ると、陽の当たる村へ入った。車は教会前の広場に止められた。真向かいのベンチでは三人の年寄りが並んで日向ぼっこをしている。三つの顔はいっせいに侵入してきた余所者に向けられた。

あの人たちに尋ねてみようと、クレメンテは窓を開けた。サント・ドミンゴ・デ・シロという名を聞くと、三人は同時に喋り出した。それぞれ意見が違うらしく、しきりに言い合っていたが、一人が後の二人を制して言った。

「村を出て少し行くと、左手に十字架がある。そこを曲がれば後は修道院まで一本道。もう何十年も前に行ったきりで確かじゃないが、そんなに遠くはなかった」

「昔は巡礼者が歩いた道です。今も通れるのかねえ」

と横からもう一人が挟んだ。

村を出ると直ぐ、遠くに石の十字架が高く見えた。その袂から細い道が左の野に入り込んでいる。逆方向からその道を辿ってきた人は、その十字架で村が近いことを知ったろう。

平坦な野は続き、その中を道は左へ左へとカーブする。どの辺りからか野の広がりは次第に波状の起伏になり、車は上向きになったり下向きになったりしながら走り続ける。気がつくといつの間にか谷間の中だった。視界はだんだん狭まって、空が遠のいた。助手席の右手には、岩壁がすぐ近くまで迫ってくる。にょっきり頭を出した地中の岩盤が空へ空へと迫り上がっている最中、不意に固まったような姿をしている。運転席の下に、水の流れが見える。川底も岩盤だ。清冽な水が飛沫を上げながらその上を滑り下りていく。道も下っていく。

「なんだか違う世界に入り込んだ」

わたしは言う。

「此処は裂け目だね。広大な平原にもどこかに亀裂がある。そこに出来た道だ。あの当時修道院は俗世を離れた清らかな土地が選ばれていた。まだキリスト教が燃える信仰に支えられていた時代」

若い頃の十三年間をドミニコ派の修道院で暮らしたクレメンテは、その祈りや労働を経験で知っている。

さて、道は谷川の蛇行と一緒に曲がりくねる。フロントガラスにはそそり立つ奇岩の群が、次々に現れる。空を睨んだ大男の横顔、羽を広げて飛び立つ寸前の大鷲、なぜそんな姿になったのか、にゅっと首をのばしたムーミンの岩もある。それらの背後に高い空は群青に映え、岩の群の上半分はどれも光の中だ。谷間の道は日陰の中、暗く透き通った水の底から見上げているような気がする。

「いい道じゃないか」。横顔のままクレメンテは言う。だが顔は緊張している。

ここじゃ時間が止まってる、そう思ったが口に出しはしない。

急カーブの度に車体は谷に突き出し、助手席のわたしまで仮空のブレーキを踏む。何度か続くと、少し不安になってきた。

「クレメンテ、これ、車の道じゃないよ」

「だが引き返すことはできない。ターンもできない。前に進むより他に方法はない」

途中で消えてしまいそうだ、心の中でわたしは思う。
キ、キーッ、その時鋭い音がして、車は急停車した。目の前に対向車が止まっていた。ぎょっとした目がフロントガラスからこちらを見ていた。
クレメンテは窓を開けた。

「大丈夫ですか」

「大丈夫です。いやあ、驚いた」

運転席から男は言った。

「ついでに尋ねますが、この道は確かにサント・ドミンゴ・デ・シロに行くんでしょうか」

「確かに。わたしは其処から来ました。だがこの道知っている人はあまり居ないんだが。上の方に新しいいい道がありますから。それにしても危ないとこだった」

まず最初に対向車がゆっくりバックし、岩壁が少し引っ込んでいる所で二台の車はなんとか擦れ違った。

元気づいたクレメンテは喋り出した。

「その新しい道というのには気がつかなかった。この道にだけ気を取られていた」

「あの地図じゃ、無かったかもしれない」

「あった筈だが見落とした」

「でも楽しい道だったから、通ってよかった。ムーミンも居たことだし」

危険は脱した。わたしの口も軽くなる。

「思うにこれは最初の道に違いない。修道院ができた当時からあったに違いない。文献によれば、その土地からは古代ケルト族の遺跡もローマのも出てきたそうだ。西ゴートの時代その見捨てられた土地に純粋な信仰を抱く男たちがやってきて、小さな共同体を作った。そして祈りと農耕の時を送っていた。それが十世紀半ばには大きな権力を持つ修道院になって、今に至っている」

クレメンテの話は続く。

いつの間にか岩壁は姿を消し、谷川は小川の姿になっていた。

遠くに修道院の塔が見え始めるとすぐ、橙色の屋根を持つ村が姿を現した。

最初のその時以来、何度その村に行ったことだろう。乗合バスでも、グループでも三回、日に一度きりのバスを逃した時は村の人が出す潜《もぐ》りのタクシーで。だが最初のあの道はそれっきり通っていない。空の高くまでそそり立つ岩と谷川に挟まれて透き通る水の底を走っていたようなあの道は、今では記憶の中にだけ残っている。

乗合バスの道

バヤドリードから特急電車で一時間半、野の間にカテドラルの優美な塔が見え出すと、ブルゴスはすぐ近い。カスティーリャ高原の北部にある寒くて美しい都だ。真冬でも太陽は強く輝く。なのに空気は突き刺すように冷たい。

サント・ドミンゴ・デ・シロに行くバスは其処のバスセンターから出る。日に一回の午後五時半、だが金曜日は六時半になる。ブルゴスで学ぶ高校生たちが週末にはわが村へ帰るので、金曜日の学校修了時刻に合わせて一時間遅れの発車になっている。

普通のバスではなく小型のものだ。バスセンターの隅っこから出る。

この三月には、金曜日のバスに乗った。三月半ば、ブルゴスはまだ冬の最中だ。それでも入日は遅くなり、六時半過ぎがちょうどその時間帯になる。バスの窓から遙かな地平線に沈んでいく夕日の光景を見る算段だったが、変わりやすいその土地の天気は昼頃から曇ってきた。ブルゴスに着くと、夕方の空には暗雲が垂れ込めていた。

バスセンターの端っこは、いつも寒い風が吹き抜けている。じっと立っていると、寒気が足元から体へ這い登ってきた。わたしは足踏みしたり歩き回ったりしながら、バスを待った。そこへビニール袋をぶら下げた年配のセニョーラが近寄ってきた。そして尋ねた。

「サント・ドミンゴ・デ・シロへ行くバスはここから出るの」

「そうですよ」

「よかった。ずい分捜し回ったんだよ。初めてバスに乗るんだよ、あたしは。アンタさんは何処まで」

見知らぬ者にもたちまち親し気な口調になるスペイン女性の気質は、とっくに心得ている。

「終点まで。セニョーラも？」

「あたしは途中の村までだよ。そこに姉が一人で住んでてね。今朝ちょっと具合が悪いって電話があったから、今から行くところさ。ほら、これ持って」

とビニール袋を上げた。パンやら果物が覗いていた。

「いつもは息子が送ってくれるんだが、今日は居ないんでバスにしたんだよ。良かったよ。連れがいて」

と一渡りわたしを見回した。

「それでアンタ、サント・ドミンゴ・デ・シロに住んでるのかい」

「おお、とんでもない」

「そうだろうね。そうは見えないよ」

セニョーラは、わたしのことを何処にでも小さなコミュニティーをなして住んでいるその辺りの中国人と見たのだろう。

しばらくしてもう一人、パンの突き出た袋を持った小柄な老人が来た。一人、また一人高校生もやってきた。だれもが使い古しのリュックを背負っている。中にはノートや教科書と一緒に五日分の汚れ物が詰まっているのだろう。

スペインの大方の中学や高校には制服がない。鞄もない。規則づくめでもない。彼らは思い思いの洗い晒しに膨らんだリュックを背負って、道を闊歩する。日本の高校生のようにスマートでもお洒落でもない。少々野暮、だがエネルギッシュだ。途中ですれ違った時でさえ、洗い晒しの匂いと一緒に生々しい若さが鼻先を掠める。

そんな高校生が四人、年寄り族三人、待っている乗客はその七人になった。

六時三十分前小型バスが目の前に止まって、七人は乗り込んだ。例のセニョーラは、村の名を言って止まるかどうかを運転手に確かめた。

「もちろん。お好きな所に止めます。御心配なく」

彼はそんな答え方をした。

そして念のためと発車時間を五分間延長した。

「遅れて駆けてくる奴が時々いるんでね」

と、なぜか日本人のわたしを見ながら言った。さて、エンジンがかけられようとした時、大柄な高校生がやってきた。別段駆け込むでもなく、悠々と乗り込んだ。やっぱりリュックを肩にかけて。

「パコ、五分待ったぜ」

「すみません」

一言いうと、運転手はバスを発車させた。


街を一歩出ると、もう其処からカスティーリャ高原台地が始まる。

雲が垂れ込めて、野は薄暗い。白い道路がその中をまっすぐに突っ切っている。バスは色も音も動きもない空間を走り続ける。曇った野の気配が、体の中にも滲み込んでくるような気がする。

やがてフロントガラスの前方で白い道は緩やかにカーブし、バスもそれと共に西寄りに方向を変えた。その時、遠い地平線に赤の帯が見えた。バスはそれに向かって走る。雲と地の狭間に覗く夕焼けの色だった。黒い光景を水平に切り裂いて伸びる赤は、だんだん輝きを増していく。ふしぎな光景、ダリの絵の雰囲気だ。巨大な雲の裾は、切り取られたような直線をしている。

カロッサの『ルーマニア日記』にあった一文を思い出す。

――雲の形は、その土地の地形を反映する――

バスは走り続ける。前方で南北にのびた紅の輝きは、雲と地平線の隙間からはみ出し、地を這いバスの中にも入ってきた。見えぬ入日がきっと正面に来たのだ。運転手は片手をハンドルから離して、額に翳《かざ》した。一番前の席に座った老人の頭を掠め、薄暗がりのバスの中を横切る。あのセニョーラも高校生もわたしも翳《かげり》の中。雲の壁に遮られた夕日が当たる範囲は限られている。だが、どこまでも延びて、その射程に入ったものを仄赤い光で包み込む。野に立つ小さな灌木も地面に転がった石も、崩れかけた小屋の壁も暗いバラ色に映えている。そして何という静寂の深さ。

明と暗の入り混じった光のトーンが漂い、野は永遠性を帯びる。バスはその中をひたすら走る。地平線は近まらない。走る程に遠去かる。わたしは後をふり向く。バラバラに腰かけた高校生たちは、一人は眠りこけ後は黙り込んでいる。あのセニョーラも老人も。

それから地の夕日はすうっと消えた。だが雲の下の夕焼けは残っている。

カスティーリャの野ではどこも、その地形の特殊性故に地平線の夕映えは長く続く。徐々に色調を変えながら、いつまでも映え続ける。

ずい分走った後、バスはその道路から田舎道に入った。道は南に向かっていた。残照の赤は視界から消え、野は元の単調な空間に戻った。対向車は全くなく、小型のバスはしきりに揺れる。

遠方から小さな集落が近づいてきた。バスはその中に入る。道は隣り同士がくっつき合った家々の間を通っていく。窓も扉も閉め切って、生活の気配がしない。灯の漏れている家もない。節約のために灯点《ひとも》し時をできるだけ遅らせているのかもしれない。だが灯の見えぬ村の寒さと侘しさが、心の中をすうっと横切る。

バスが止まった。一番前の老人がゆっくり立ち上がった。

「いい晩を」。運転手は彼の背に声を掛け、ありがとよと答えながら老人は下りていった。バス停の標はなく、パンの突き出た袋を抱えた横顔が俯きながら窓の下を通った。

バスは再び野に出る。次の村は前の集落より大きく、教会の塔も見える。バスが野菜畑のある家の傍で止まったとたん、中から犬が走り出てきた。リュックを背負った娘がステップを下りる。犬は彼女の足許にキャンキャンまといつき、跳び掛かる。娘と犬は一緒に家の中へ入った。

その家も村も四方を野に囲まれていた。

バスは散在する小村を一つ一つ巡り、残りの四人を下ろしていった。最後に下りたのは、村の若い衆といった風体の大柄な高校生だった。下りかけたその子に、運転手は尋ねる。

「ホセ、ばあさんの具合はどうだい」

高校生は立ち止まる。

「家にいるよ。たいてい寝てる。入院はいやだって言うから」

「じゃあ、病院はあいかわらず親父さんの送り迎えかい」

「ああ」

その若者のリュックも膨らんでいた。スペイン人は一般に家族のつながりを優先する。明りのついたバスの乗客は、セニョーラとわたしの二人だけになった。暗闇の中をバスのライトが突き進む。わたしは下りていった高校生のことを考え始める。どの村も野の真っ只中にあった。彼らの一人一人は其処で生まれ育ったのだ。家族と犬、にわとりやロバ、羊に囲まれて、野の気配を呼吸しながら。

赤子の頃はスヤスヤ眠っている時、子ども時代には夢中で遊んでいる時、そしていつでも無意識のうちに野の気配は体の中に入っていったろう。入日の時の深さも、苛酷な冬の寂寥も、三月下旬に降る慈雨の音もその度に伸びる麦芽の緑も、夏の野が放つ奔放な生気も小麦畑の黄の広がりも、彼らの体の一隅にそれとも血の中に目に見えぬ形で刻み込まれていく。

村を出て彼らはそれを忘れても、野の気配や匂いは体の奥に残る。そうして彼らの感性に働きかけるだろう。人とは少しばかり異なる視点で物を見ることだってあるかもしれない。

いつの間にかバスは村に入っていた。点々と並ぶ外燈が弱い明かりを落としている。家は道沿いに並び、バスはそのすぐ前を走る。一つの家から灯が漏れ、開いたカーテンの窓から女の顔が覗いた。

あのセニョーラが運転手に声を掛け、バスは止まった。

「姉の家はここです。気をつけてお行き」

とわたしに声を掛け、運転手にはありがとうと言って下りた。

バスは雲に覆われた真っ暗闇の野に出る。

「セニョーラ」

不意に運転手が後向きのまま声をかけた。

「はい」

「サント・ドミンゴ・デ・シロは宿に泊まるんですかい、それ共だれかの家？」

「もちろん、宿」

「宿は？」

「道沿いの……、名は忘れた。ブルゴスから来てるという、とても陽気な奥さんがやっている宿」

「ああ、マリアの宿だね」

闇の奥に弱い灯の集りが見え、そこが目指す村だった。運転手は宿のすぐ前で止めてくれた。時計を見ると八時半、二時間かかっていた。

空っぽになったバスは、暗闇に去っていった。

潜りのタクシスタたち

村の目に見える生業は、麦と羊、それに三軒の宿などである。麦は秋に蒔かれる。種は凍りついた土の中で冬を越す。長い冬だ。乾いて冷たい土には草など生えない。たとえ生えたとしても、スペイン人のあの国民性では気にもならず、ほったらかしておくだろう。長い冬だ。その間村はどんな仕事をしているのだろう。

冬場の道は昼も夜も深々と冷え込む。犬や猫はよく見かけても、歩いている人に会うことは稀だ。修道僧たちが村の世間に姿を現すことはない。観光客がいたとしても、まずそんな道は避ける。

締め切った家の中で生活が続いているのは確かだが、人気はうすい。

宿の人から聞いたことだが、村には潜りのタクシスタ（タクシー屋）たちが何人もいるという。年間を通していい実入りになる。村では朝のバスを逃すともう交通の手段はないから、車のない者には必要な足になる。一人ぐらしの年寄りもいる。他の国からやってきた車のない客もいる。彼らは宿からの電話一本で即座にやってくる。

車には料金表示器など無いから、値段は乗る人の顔で付けられる。顔馴染みの同郷人にはうんと安く、わたしのような者にはうんと高く。普段は野で働く男たちの顔は日焼けして飾り気がない。だが何も知らなそうな外国人には、時として法外な値を言う。一度苦い経験をしてからは、わたしは乗る前にかならず代金を確かめる。

「ブルゴスまで幾らで行ってくれる？」

「そうさな。四十五ユーロってとこかな」

他の国から来てる者には四十ユーロから五十ユーロに上下する値段は、まあ仕方がない。その代わり、潜りのタクシスタは客を助手席に座らしてくれる。それで喋れる。彼らは少しぐらいの言葉の間違いなど気にもせず、いちいち訂正したりはしない。

相手が誰であれ、異文化の国で異なる生い立ちを持つ人たちと話すのは楽しい。わたしのスペイン語は並みのスピードで喋り出すと間違いだらけになるが、全く気にならない。一般に彼らは見知らぬ人間とも切っ掛けが解《ほぐ》れれば気楽に話す。いや、よく喋る。自分のことも明け透けに話す。つられてわたしも多弁になる。言語の質の違いからか、わたしのような者も一旦話し出すと対手に気後れや遠慮は感じない。もっとも彼らは人の話に耳を傾けるより、自分で喋る方をずっと好むように見える。


一度は指定された場所が修道院の正面だった。風の吹く午後、スーツケースを携えてそこで待った。思いがけないことに、車から下りてきたのは黒髪を肩にたらした娘だった。

「ルシアです」

元気のいい声で名を言うと、重いスーツケースを抱えようとした。わたしも手を出しかけた。

「ノーノー、一人で平気よ」

娘は首を振った。両脚を踏んばってヒョイと持ち上げると、軽々とした動作で車のトランクに入れた。わたしの前に突き出されたジーンズのお尻は、はち切れそうに頑丈だった。

いつものように助手席にすわる。

なだらかに波打つ野を道はカーブしながら走る。風が強い。ちぎれ雲が南に向かって飛び、点々と立つ灌木は地に触れるように揺れる。こんな土地に生えた木は大きくなれない。乏しい水分を吸い上げ風に逆らって育ち、低くねじ曲がっている。地中から突き出た岩も風の中だ。雲が切れる度にさあっと陽を浴びせては、たちまち陰る。何のきっかけもなく、わたしは荒涼とした風の光景に狼の気配を感じる。こんな日にイベリア狼は風にのって野を駆け回るのだろうか。そして言う。

「ここにも狼が出没しそう」

「居るわよ。うちの祖父さんは何度も見た」

「ウルエニャの人が言ってたけど、やっぱり冬、狼が群になって駆けていくのを見たそうよ。月夜だったからはっきり見えたんだって。車からだけど」、わたしも言う。

　何年か前行きずりに聞いたその話は、よく思い出す。

「この辺じゃ、狼のことではいろんな話があるのよ。うちの祖父さんは羊を殺《や》られて怒ってた。三度ぐらいあったわ。その頃子連れの狼夫婦がどこかに巣を作って、この辺りに出没していたそうよ。あたしはまだ生まれてなかったけど。子羊を狙うんだって。とても巧妙なやり方で群から引きずり出していくそうよ。

　スペインじゃ、狼に銃は使えないの。そんな法律があるのよ」

　それを聞いて、わたしは二年前バヤドリードの市民の広場で見た、一風変わった集会を思い出す。

「一度それへの抗議集会を見たことがある。たくさんの羊飼いと羊が一緒に集会やってた。でも羊の方は慣れない石畳にすわり込んでいた。どうでもいいって顔して」

　娘はちょっと笑って、言う。

「羊飼いの仕事って大変なのよ。今は父さんがやってるけど、羊の数はずい分減らしたわ。でも子羊の需要は多い。生まれたての羊の肉は好まれるのよ」

肉が嫌いなわたしは黙る。生まれたての羊の肉など……。

と、風の野に畑地が出てきた。低い丘も斜面も一面に耕され、赤の勝った代赭《たいしゃ》色だ。

「どうして土があんなに赤いの」

「そんな事知らないわ」

「全部麦畑？」

「そうよ。小麦。うちのも有るわ。この辺りは種蒔きが遅いの。祖父さんの頃は二頭の牛で耕してたけど、今じゃ全部トラクター。楽なものよ」

「水は？」

「雨が降った時だけ」

ちぎれ雲の駆けていく空の下で、土の代赭色はみょうに生々しい。

娘は喋り続ける。

「父さんの揺り籠は、その二頭の牛にぶら下げられてたんだって」

わたしは、彼女の横顔を見る。何のことかわからない。

「両親とも野に出るでしょう。曾じいさんは、羊。そこで赤子の父さんも畑へ。畑の牛は大人しいから、二頭をつないだ頸の真中に籠をぶら下げて、父さんはその中。二頭の牛に運ばれながらスヤスヤ眠ってたそうよ」

いい話だ、聞きながら思う。その情景が目の前に浮かぶ。旅人にすぎぬわたしには、彼らの生活の厳しさは見えない。頸木《くびき》で繋がれた二頭の牛は、同じ歩調でゆっくり歩く。二つの太い頸の間には籠がぶら下がっている。その中で赤子は時々目を覚まして、ゆらゆら揺れる空を見てるかもしれない。背後では若い父親が鋤を操り、その又後から若い母親が肥しをまいていく。

今、運転しているこの元気のいい娘は、その若い夫婦の孫なのだ。

不意に携帯が鳴り始めた。運転は続けながら、彼女はそれを取り上げる。

対手の声は、もちろん聞こえない。

「……」

「今運転中。日本人のセニョーラをブルゴスまで送ってるとこよ」

「……」

聞こえぬ声の話は続く。

「五時くらいまでは行けると思う。病院には充分間に合うわ」

「……」

「心配しないで。大丈夫だから」

娘の口調は優しくなる。電話を置いてわたしに言う。

「村のおばあさんよ。一人住まいだから、度々電話してくるの。今朝から胸が痛いんだって。いつもどこかが悪いのよ。胸、頭、腰。でも車に乗り込んで喋り出すと、あの人元気になるんだから」

ところが、携帯は又鳴り出す。

「……」

「でも今はどうしようもないわ。送り届けた後ね」

「……。……」

「そんな事じゃないと思う。だって薬はちゃんと飲んでるでしょう。心配しないでね、できるだけ早く行くから」

電話を切った彼女の表情は厳しい。ちらっと時計を見ると、もう話しはせず運転を続ける。わたしも黙る。スピードが上がる。

ブルゴスに着いたのは三時四十五分、五十分もかかっていなかった。スーツケースを下ろしてくれた彼女に代金を払い、そしてつけ加えた。

「気をつけて運転して。急ぎすぎないようにね」

「ありがとう」

娘は笑顔になって言った。


暮れから正月にかけての数日間は、スペインでも人と話すことなくほとんど一人で過ごす。去年は大晦日のミサで歌われる特別のグレゴリア聖歌を聴きにいこうと思いついて、その村へ出かけた。行きはバス、翌日の帰りは正月でバスは休み、やっぱり車を頼んだ。やってきたのは、わたしと同年代ぐらいの男だった。

「大晦日のパーティーで、若い者はみな、まだベッドの中です。正月の朝は年寄りの出番でさ」

「きのうは二時三時まで声がしてました。最初は爆竹、シャンパンの音、そして歌に踊り。いつも深《しん》とした村のどこからあんなに人が集まってきたのか」

「方々から帰ってきたのさ。クリスマスと大晦日はここじゃ家族が一緒に過ごす日だから」

同年代の日本人がなんとかスペイン語を喋るのに調子づいて、彼は話し続ける。スペイン人は女だけでなく男たちもよく喋る。

「もちろんわしらの村も若い奴は大きな街へ出る。この辺りの村はどこも老いぼれていくばかりだが、此処だけはグレゴリア聖歌が目玉になって力を盛り返してきました。

御存知ですか、今アメリカ合衆国じゃ此処の聖歌のＣＤが一番よく売れてるそうです」

運転しながら、彼は話し続ける。

「知りません」

わたしは答える。長い日焼けと乾いた風に晒されてきたようなその横顔は、ごつごつして皺が深い。

「やっぱり聖歌に引き寄せられて、この教会で結婚式を挙げる連中が増えてます。まあ、一種の流行りだね。貸切りバスでやってくる。マドリッドからも来ますよ」

「披露宴もここで？」

「いや、そっちの方は他で。バルでひと口やると、貸切りバスに乗り込む。パーティーは他で。ここは修道院と羊小屋ぐらいしかないからね」

わたしはある光景を思い出す。

「石の洗い場も残ってますね。この前だれかが洗濯してました」

通りしなに見かけたものだった。小さな黒衣の女がちょうど洗濯物を持ち上げた時、水の中から男物の厚い股引が出てきた。

「洗い場は、ただだからね。電気代も水道代も要らない。昔からの習慣で今でもそこで手洗いしたがる年寄りがいます」

運転手は、話の腰を折られたように口を噤んだ。そして前の話題に戻った。

「だが、彼らは金は落としていきます」

「はあ」

「若い者はこの村を出たがるが、わしらにとっちゃ此処の暮らしが一番だよ。旨い物がたっぷり食えてよく眠れて。土地が乾いて寒いのは神さまからの授かり物で、受け入れるより外にしようがない。

それに、なんてったって此処の鐘はもう体に染み込んでるんで、その音がしない土地に行くと気が落ち着かない。こんな事言ってもお宅のような人にはわからんだろうけど」

「わかります。水田の匂いのようなものでしょう」

彼が水田など全く知らないのは心得ているが、鐘の話はそれに繋がった。季節毎に変わるその気配が心の中にふわっと生じる。陽にぬくめられた泥と水、そして緑の匂い、熟れた稲穂と日の匂い、藁屑を焼く煙の匂い、鐘の音と同じように身の内に染みついている。

だがすぐ横で運転手の話題はころころ変わる。わたし程度の語学力ではそれをわかるには全神経の集中が要り、心が感じた匂いはたちまち霧散する。

「わたしが三十四歳の時フランコが死んで、独裁政治は終わりました。自由は戻ってきた。だが空の気紛れは変わらない。わしら村の者のきつい暮らしも変わらない。小麦も豆も天気次第、収穫するばかりの小麦や豆が一夜の霜で全滅する。星がむやみに光る夜、突然襲うんだよ、ここでは霜が。そんな時のお袋や親父の顔、子ども心に刻みつけられてます。それがわしらのカスティーリャです。子どもの頃はネズミも喰ってました」

「ネズミですって」

わたしは思わず大声になる。

「なに、野の奴です。村にはネズミ捕りを商売にしてる男がいました。よく知ってましたよ、巣の在り処を。そのネズミをつかまえては売り歩いてました。子どもが一人いましたが」

「本当のことですか」

「本当もなにも。お袋の揚げたネズミは旨いもんでした。わたしらは喜んで食ったもんです。なにしろ、五人の子どもでしたから」

そして彼はふっと口を噤んだ。

「今思えばきつい暮らしでした。代わりにあの当時の村には活気があった。

見えますか、あそこ、丘の後ろ。あの村、今じゃだあれも住んでない」

遠くにその無人の村を見ながら、車は走る。

ブルゴスの駅に着くと、その人はバヤドリードに行く列車の時刻まで調べてくれた。

一月一日の列車はガラ空き、その中でなぜかしきりに母のことを考えた。あのタクシスタの話が呼び起こしたのだった。

村の生き物たち

修道院の裏手には、むかし僧たちが耕していたという広い畑がある。傍を小さな川が流れ、緩やかな谷間の底になっている。水は岩の上を転がり、たえず音をたてる。音の上に石の橋が渡され、そこからは村の全貌が見上げられる。川を隔てた向かい側は、岩の露出した丘に続く。頂には石の十字架が高く立ち、点々と野性のラベンダーが自生している。夕日はそこに沈み、村と修道院を包み込む。丘の向うに何があるのかは知らない。

丘に向きあった傾斜地には、石造りの家々がたて込んでいる。庭も木立ちもない。この地方の苛酷な気候がそれを許さず、他の村々と同じに人は草木を愛でる習慣を持たぬ。

石畳の坂道には犬が寝そべり、猫も蹲っている。わたしは真夏の村を知らないが、冬の寒々とした沈黙の中ではどんな生き物も懐しい。やあ、この寒いのに日向ぼっこかい、と声をかける。犬は尾を振って近寄り、猫は一目散に逃げる。

坂道を歩くと、家々に挟まれて家畜小屋や動物の匂いの染みついた空っぽの小屋に出会う。

坂の中途に、一つのおもしろい小屋がある。入口の戸にはいつも鍵が掛けられている。でも下半分だけの戸なので、上半分から中が丸見え、身軽な人ならひょいと飛び越えることもできる。光も風も夕日も、そこから内部に入り込む。

小屋にははにわとりと数匹の猫が住んでいる。見知らぬ顔が覗くと、とたんににわとりはあちこち動き回りコッコ、コッコと呟き始める。猫たちはいっせいに振り向きはするが、悠々と寝そべったまま動かない。どこの者かわからぬその弱そうな奴は、中に入ってこれない事を十分承知しているからだ。だが目はわたしの顔から離さない。じいっと窺っている。

そこで身をのり出して、「おいで。ほら、こっちにおいで」と手をさし出す。にわとりは気の毒なくらいうろたえ、猫ははっと身構えるが逃げ出しはしない。

低い棚の上に、にわとりたちの寝場所が置かれている。なぜか、その棚まで三段の梯子が掛けられている。だれかの手が木切れと棒を綱で結んで作ったものだ。少しは飛べるにわとりは、梯子などなくても身軽に飛び乗れると思うけれど。でもきっと朝が来ればそれを伝って床に下り、日が沈みかければ又梯子を登って寝場所に入るのだろう。

にわとりの飼い主を見たことはない。

ある朝はその中に五つの卵を見た。三つは寝場所の金網の前、二つは下の床、まだ温もりの残っていそうなかわいい卵だった。

夕方そこを通った時、五つの卵は消えていた。にわとりたちはもう金網の中に入っていた。猫たちは外出中、空っぽになった床の上に暗い夕日が射し込んでいた。

カスティーリャ地方の村では一般に、羊が夜を過ごす小屋は四方が壁で明り取りの窓などない。一旦戸が閉められれば、昼間でも暗がりになる。

夕方に周辺の野から戻ってきた羊の群は、小屋の前でしばらく待っている。その間に羊飼いは中を掃除する。大きな熊手で糞尿を掻き集め、少しづつ運び出し小山に積む。すべて手作業だ。年を取った体には堪える仕事だろうが、わたしが出会った限り若い羊飼いを見たことはない。

小屋の前では、羊も犬もロバも一つの大きな塊になっておとなしく待っている。零下の寒さの中でもじっと立っている。そんな時見知らぬ奴が近づけば、羊は白い波のように揺れ始め犬は吠え、ロバは穏やかな目でじいっと侵入者を見る。離れた所から気づかれぬように見ていなければならぬ。

掃除が終わると、羊たちは入り始める。入り口は狭い。汚れて丸いお尻の群が次々に吸い込まれていく。ロバと犬はそれを見送る。そこで彼らの任務が終わる。羊の方は一日中野で過ごし草を食《は》んできたので、後は小屋の中で眠るだけ。

小屋はかなり広い。だが羊の数が多いのでぎゅうぎゅう詰めになる。雨の日はその中で過ごさねばならぬ。立っているか、時々座るか、後はすることはない。動き回ることはできない。だが外では乾いた土が雨を吸い込み、小麦の種は膨らみ草の根はのびる。

そんな小屋の一つで、実にいたいけな生き物を見た。やっぱりサント・ドミンゴ・デ・シロの坂道だった。

道の真中に軽トラが止められ、その横で戸が開けっ放しになっていた。けたたましい啼き声がして、わたしは立ち止まった。子羊だった。親から離され、柵の中に入れられていた。数えてみれば八匹、どれも両の手の平にのる位小さかった。だが彼らは母羊のようにおとなしくも従順でもない。ありったけの声で啼きながら、囲いの中をあっちに走りこっちに走りしている。向うでは二人の男が話している。八つの子羊は覗き込んでいる顔に気づくと、いっせいに駆け寄ってきた。てんでにちっぽけな顔を上げて、今度はわたしに向かってしきりに何か訴える。きっと、お母ちゃんどこ、おっぱいは何処と言ってるんだ。まだ幼すぎて人も羊も区別がつかないらしい。八つの体ともほとんど丸裸、生まれたての豚と同じピンク色をしている。その必死な顔の小さいことといったら……。

と、向うから話を終えた男がやってきた。厚いジャンパーを着た髭面の中年だ。まずどこかのアジア人の奇妙な婆さんを一瞥してから、「やあ」と挨拶を返した。八匹の子羊はいっせいに向きを変え、髭面の足許に走る。男はその内の数匹を両手で掴んだ。そして軽トラに向う。啼き声はすさまじくなった。

後からやってきたもう一人は汚れた青い作業服で、小屋の持ち主らしい。彼は残った三匹に柔らかく口笛を吹いた。それから両手でひとまとめに抱き上げた。

「売られるんですか」

わたしは尋ねる。

「そうです。まだ乳飲み子のうちに売ると、いい値がつくんでね。肉は軟らかくて味は上等、最高の焼き肉になる、こいつらはみんなレストラン用です」

そう言って、子羊の一匹に軽くキスをした。それから軽トラに載せた。

車は走り出し、啼き声は遠ざかった。

青い作業服は、それじゃあと戸を閉め、わたしは歩き出す。

それだけのこと、だが忘れ難い必死な啼き声だった。

グレゴリア聖歌

教会の石の静寂の中でグレゴリア聖歌に耳を澄ましていると、一本のろうそくの炎に目を止めているような気がしてくる。

頭巾付きの黒い僧衣を身につけた修道僧たちは、祈りの間中祈祷書から目を上げない。両肩の縮まった老齢の僧も黒髪の若い僧も、顔を俯けて淡々と祈祷のことばを唱え続ける。声は一つに和して歌になり、静かな炎の音のように響く。だが大きく燃え上がりはしない。低く単調に続く。聴いている者の体にも静寂がこんこんと湧き出す。四方を囲む石の壁にも染み渡る。村人たちは敬虔に跪き、僧たちの声に和して低く祈る。

昔も今も、多分百年後も変わらぬ空間であろう、その祈りの光景は。

最初にグレゴリア聖歌を聴いた時はクレメンテと一緒だったが、緊張した。教会の中に籠もった匂いも、僧たちの沈黙も作法も異質なものに思えた。祈りの節目節目で、周りの人はいっせいに立ったり座ったり跪いたりをくり返した。信仰を特に持たぬ者も周りが立てば立ち、座れば座りその度に真似をした。だが跪いて十字を切る、それは真似できるものではない。圧倒的な静寂が歌声を包んでいた。ちょっと手を動かしても固い木の腰掛けでもぞもぞしても、音になりそうな気がした。途中で不意におなかが鳴ったらどうしよう……。

とうとう終わった時はほっとした。外に出るとクレメンテが言った。

「さっき修道院の入口で話したあの僧も、聖歌隊の中にいた。周りとは少し雰囲気が違ったことに気がついたかな」

「居るのは見えたけど、わたしはそれどころじゃなかった」

知的な風貌を持ったその青年僧はさっきクレメンテと話し込んでいた時、目を輝かせて新しい分野への興味を語っていた。聖歌隊の中では周りと同じように顔俯けて、敬虔な姿になっていた。

「さっき彼は二年前に此処に来たと言っていた。それまではパリの大学院で神学を学んでいたそうだ」

全く縁のない世界の人であるが、大学院の自由な社会から修道院へという飛躍の身軽さに気を引かれた。

クレメンテの話では、この修道院はサン・ベニート派とかいう宗派に属し、厳しい戒律を守って暮らしているという。祈りと沈黙を主体に朝五時四十分から夜十時半までの日課が決められ、僧たちはそれぞれに従って共同生活を送る。世俗の楽しみは持てない。

そして言った。

「誓ってもいい。彼は数年経ったら又世の中へ戻るだろう。話していてわかったが、彼の知的探究心は果てがない。一生を此処に留まることはできないだろう」

次の年、その次の年、僧の姿は聖歌隊の中に混じっていた。だが去年の秋クレメンテの率いる八人のグループで訪れた時は、もう居なかった。パリの大学に戻ったということだった。自分を縛らない、いつでも立ち上がって去れる、次のものに向かって。その軽やかさが羨しかった。

二回、三回と聴くにつれグレゴリア聖歌のふしぎな力、ことに祈りが終わってその余韻が沈黙に移り変わっていく澄んだ時に心引かれるようになった。

祈りを終えると、修道僧たちは無言の列になって本堂から去っていく。ミサに参加した者は、立ち上がって見送る。それから教会の灯が一つづつ消えていき、人は外に出る。気持ちが澄んでいる。夏であれば夕映えの光、冬なら星々の清らかな空間に晒される。村の人たちはそれぞれの家に帰っていく。

詩人の生まれた村、モゲル

プラテロとわたし

モゲルは、アンダルシア地方の小さな白い村だ。太陽は強く輝き、空は底なしに青い。地図にはのっていない。アンダルシアのどこにでもある村の一つ。オリーブ畑、ブドウ畑の広がるなだらかな丘陵の間にある。収穫の季節には異なる言語を話す人や不法移民たちがどっと押し寄せる。そして安い安い賃金で働く。そこはファン・ラモン・ヒメネスの生まれた村、彼の詩にたびたび登場する。ノーベル文学賞を取った散文詩、『プラテロとわたし』が生まれた村である。ヒメネスの存在が無かったら、誰に知られることもない村だったろう。

その詩人の名を初めて知ったのは、阿蘇の僻地にいた頃三十年以上前のことである。伊藤武好、百合子夫妻の訳だった。その内の幾つかは、くり返し読んだ。あの時代、カロッサの『ルーマニア日記』やリルケの『マルテの手記』と同じに、心が乾く時の友のような存在になっていた。

その頃ヒメネスを原語で読むなど、思ったこともなかった。詩の中に現われる美しい村を訪ねるなど、夢にも思わなかった。それよりヒメネスがスペインの詩人であることさえ、ほとんど注意を払わなかった。

たとえばこんな内容の詩があった。

月夜、花盛りのアーモンドの下で道化師が踊る。その太鼓の音に村の夜は賑わう。村は知らない、パントマイムの仮面の下に隠された道化師の飢えと悲哀を。

もう一つは、緑のまひわの詩。

松林に夕日が射し込む、その静寂の中で、不意に鳴き声が響く。緑のまひわだ。沈んでいく日に向かって、切々と鳴き続ける。真紅の入り日は松の緑を染めながら、次第に地平線に隠れていく。まひわは必死で鳴き続ける。

すると、詩に出てくる村は旅回りの道化師と月夜になり、うす赤く染まった松林と切ない鳴き声になって残り、スペインは消えてしまった。

それがヒメネスの詩との最初の出会いだった。


初めてスペインに渡り、片言のスペイン語をぽつりぽつり話し始めていた頃、小さなアカデミアの先生がある日わたしに尋ねた。

「スペインの小説や詩人を読んだことがあるか」

「ない」と答えた後で、思い出してつけ加えた。

「ヒメネス」

「なに、ファン・ラモン・ヒメネスを読んだのか」

先生の顔がぱあっと輝いた。そして奥の方から一冊の薄っぺらな本を持ってきた。古びた表紙にロバの絵が描かれていた。

「これを読んだのか」

わたしはスペイン語が話せなかったので、会話はどうしても下手な英語まじりになった。

「ちがう。日本語訳の詩を読んだ。好きな詩が幾つかあった」

先生はそれには注意を払わず目も声も輝かせたまま、続けた。

「これは、わたしの聖書だった。何度読んだことか」

と言いながら、パラパラッとページをめくった。一ページ毎の文章は短く、簡単そうに見えた。それで、つい尋ねた。

「これは、子ども向けの本か」

「オー、ディオス・ミオ」(何てこと言うのか)

先生は大声のスペイン語になった。そしてそのまま早口のスペイン語で続けた。わたしが聞き取れたのは、ノーベル賞という単語だけだった。だが、自分の聖書だったという言葉にとても興味を感じた。

その時から九年後の今、『プラテロとわたし』というその本をわたしも大好きになった。バッグの中に入れて持ち歩くこともある。畑の草取りした後も、目の前にそれがあればふっと取り上げる。辛い時も読む。百三十八の短い散文詩で構成されている。ページをめくって目を引く題材に止まり、声に出して読む。と目の前に匂いも色も感触も持つ一つの小さな世界が広がる。二十世紀前半のその当時、スペインの村々のくらしはまだ中世を引き摺っていたという。未知の世界である。なのに、そこに現れる村の雰囲気も生き物たちもなんと懐しいことか。

プラテロは小型のロバだ。灰白色の毛並みと大きな柔和な目を持つ。そして、村に戻ってきたわたしの唯一の友である。ロバは人間の言葉は喋れぬが、二つの心は通じ合う。一人と一匹は、いつも一緒に過ごす。時々は真夜中だって、野の星の下を黙々と歩き回る。

寂しいわたしは、事ある度にプラテロに語りかける。何も答えはしない。只、ぽくぽく歩きながら背中の声を黙って聞いている。読んでいると、互いにかけがえのない二つの姿が浮かぶ。

その語りかけの一つ一つが、散文詩になっている。アンダルシアの古い村のくらしの断片、空と野、ジプシーの子ら、犬、冬なのに春と勘違いして戻ってきたツバメたち、老いたカナリヤ、パン屋、といろんな物が描き出される。今とは異なる時代、まだ神秘的な雰囲気が村のくらしに入り混じっていた頃のことが。

プラテロの好物は熟したイチジク、西瓜、匂いが旨ければ花も食べる。少し臆病だが、力は強い。小さな体に主人を乗せてどこまでも歩く。「わたし」と同じに村の子らと仲がいい。犬も蝶も彼の遊び仲間だ。小川や松林の道を心得て、黙っていても連れていってくれる。そう、賢く辛抱強い。辞書はよく知りもせずロバをバカ者の例えとして上げているが、あーとんでもない。

夜には犬のダイアナ、黒山羊と一緒に同じ小屋で眠る。人間と同じように人を恋しがる。「プラテロ」と呼ぶと、小屋の中から嘶《いなな》きで返事する。

だが、ロバと詩人のその一対は村の目には奇妙に映る。

ある日村の外れにあるジプシー集落を通りかかった時、ボロを着て褐色の腹を剥き出しにした子らが群がってきた。ロバの背に乗った詩人に、声を揃えていう。

「やあい、気ちがい」「バカ」「変な奴」「お前の母さん、出べそ」

プラテロとわたしは、黙々とその集落を通り抜ける。子らの罵倒は後ろから追いかけてくる。

前方には緑に輝く野、そしてアンダルシアの果てしない空の青、光の漲るその広がりは、プラテロの歩調に合わせて一歩一歩近づいてくる。背後に、「やあい、気ち……」の声は次第に遠のき、やがて聞こえなくなる。

これは散文詩の七番めに出てくる光景である。「気ちがい」と題されている。

ジプシーの子らの罵倒は村の目、働きもせず、いつもロバと一緒にいる無口な詩人は奇妙な存在に映ったことだろう。

幾つものワイン醸造所と船舶を所有していた裕福な家に生まれたヒメネスは、小さい時からひじょうに内気で感性の鋭い子だったという。長じてセビリアやマドリードで学ぶが、都会の空気に馴染めず病気がちだった。この頃、父親の急死で彼の神経症は一気に悪化した。精神病院を転々とした後で、村の家に戻ってきた。

この時期に生まれたのが、『プラテロとわたし』である。名は違うが、プラテロは実在のロバだったらしい。プラテロが居たから、語りたいことを語りかけられる相手がいたから、そのままの自分を受け入れてくれたから、辛い時期を生きられたんだろうなと思う。

やがて出版された本はスペイン中で読まれ、幾つかの言語に訳され、一九五六年ノーベル文学賞を取った。いろんな国のいろんな境遇の人に読まれたろう。

ある時知り合ったセビリア出身の青年は、自分にとって大切な本の一冊だと言った。血も文化も考え方も異る日本人のわたしにも、かけ替えのない本になっている。

ヒメネスは再びマドリードの大学に復帰、そこで生涯の伴侶セノビアと知り合い結婚。一九三六年二人はフランコ独裁政権を逃れ、ハバナに渡る。ハバナ、ニューヨーク、マイアミと移り住んだ後、プエルトリコに落ち着く。生涯の間に何度か神経症の危機に晒されたが、妻セノビアの支えで乗り越え詩を書き続ける。

ノーベル文学賞受賞の知らせが入った三日後、癌を患っていたセノビアはその地の病院で息を引き取る。それから一年半後、ヒメネスも同じ病院で死んだ。七十七歳だった。

「最後の旅立ち」という詩がある。

いつ書かれたのかは定かでない。モゲルを発つ日か、それともわが祖国を離れる前か、死への旅立ちか。だが、愛しいモゲルとの訣別の歌であることに変わりはない。

最後の旅立ち

わたしは間もなく去る
だが鳥たちは残り、歌い続けるだろう
緑の木と白い井戸のあるわたしの花畑も
残るだろう

午後毎に空は青く静かに広がり
鐘楼の鐘は、響き続けるだろう
愛しい人たちは、いつか果てる
だが村は年毎に甦る

花盛りの畑を、
郷愁に駆られたわたしの魂が
さまようだろう

まもなく、わたしは去る
一人で、
緑の木も白い井戸もなく、
青く静かな空もなく、一人で
だが、鳥たちは残り歌い続けるだろう

（吉田優子訳）

プエルトリコで果てたヒメネスの魂は、いつも側に居たセノビアと共に、現在はモゲルの墓地で眠っている。

散文詩に描き出された村の姿を幾つか、日本語にしてみたい。アンダルシアの村には独特の風俗があるので、その説明を少し加えます。(括弧書きの部分)

平屋根

(アンダルシアの村はみんな白い。どの家の壁も厚く石灰が塗られている。その白が強い陽光をはね返し、家の中を涼しく保つ。レンガ床の平屋根も石灰の白、これは雨水を消毒するためだったという。屋上の平屋根に溜まった雨水は、石灰で雑菌をやっつけられ、見えぬ通路を落ちて地中に掘られた天水溜めに集められる。その水はパティオの井戸から汲み上げられ飲み水になった。雨の夜は一晩中、水槽に落ちる水の音がしていたと、『プラテロとわたし』にも書かれている。昔のアラブ人が残していったそのやり方は、二十世紀半ばまで続けられていたとのこと。

ヒメネスの生家にも、雨水を溜める平屋根と水槽があった。）

プラテロ、お前はうちの平屋根に登ったことはない。そこは別世界なんだ。いいかい、まっ暗な狭い木の階段を登ってそこに出たとたん、真昼の青と太陽がわーんと迫ってくる。空はすぐ側だ。レンガ床は、強い白の照り返し、一瞬目が眩む。

そこに立ってまず胸いっぱいに空気を吸い込む。すると、空も村も遠くの野もみんな胸に飛び込んでくる。

教会の塔が目の前に見えて、鐘の音が胸の高さで始まる。心臓に響くように強い。遠く、ブドウ畑に置き忘れられた鍬が、チカッチカッ、銀の火花を放つ。

向うの作業場で椅子屋が椅子を作り、桶屋は桶を作っている。

囲い地には牛が群れ山羊が飛び跳ね、その向うは墓地。お前といっしょに何度か行ったあの墓地だ。知ってるね。時々そこには固く縛った小さな黒い包みが到着して、人目をさけた寂しい埋葬がある。

あっちの窓には一人の娘。髪を梳かしている。下着一枚で、歌いながら。

あ、真下にプラテロだ。今、水を飲んだ。カメだな、あの小さく動く奴は。

プラテロはおずおず近づく。カメは地面からじっとそれを見上げる。

おーい、プラテロ、ここだよう。

村の司祭、ドン・ホセ

そら、プラテロ、今、司祭が聖油を施し始めた。その口調といったら、まるで蜜だ。

でも本当は彼のロバの方がずっと神に近く居る。いつも肥え太ったドン・ホセを乗せて黙々と運ぶ。

お前は見たことがあるね、司祭が彼の畑からオレンジを盗もうとしていたチビッ子たちに、石を投げ罵詈雑言を浴びせているのを。何度も。金曜日の朝毎に会うだろう。彼の下男が惨めな顔で仕事にいくのを。箒を売りに出かけたり、金持ちの死者たちのために祈ったり。司祭の命令だ。

そう、神に仕える彼は物事はどうあるべきか何でも弁えている。少なくとも、ミサではそう自認する。ロバは只のロバ、人間や物を運ぶ者、下男は自分に仕える者、鳥共はうるさい鳴き声で自分の昼寝のじゃまをする奴。

祈りの時、その姿は一変する。彼の重々しい沈黙は野の静寂さえ突き破る。今、ロバに乗って村に入ってきた。頭から足先まで僧衣に身を包み、キリストのように敬虔な姿で夕方のミサに向かう。ロバは太った体の重みに首を垂れ、一歩一歩辛抱強く歩いていく。

パン

（教会やバルと同じに、パン屋も至る所にある。店は焼きたてのパンの匂いを放っているから、その前を通ると唾が湧く。パン屋は日曜日も休まない。一年のうちクリスマスと一月一日の二日だけ店を閉める。だから人はその翌日の二日だけ前日のパンで我慢する。モゲルのパン屋は、かつてはロバで、わたしが見た時はライトバンで各戸を回っていた。）

お前に言ったことがある、モゲルの魂はワインだと。違う。ワインじゃない、本当はパンなんだよ。村は小麦パンと同じに表面は固く焼かれたきつね色、中味は柔かい白。

太陽がじりじり野を焦がす時間帯、昼食時、村は煙を立て始める。村中が松葉を燃やす匂いと焼きたてのパンの匂いに包まれる。パン屋はロバでやってくる。毎日、同じ時間にやってくる。ロバはパンの詰まった籠を二つぶら下げている。棒パン、丸型パン、リングパン、蜂蜜パン……。ぼろを下げた子らがロバの後をついて回る。パン屋は一軒一軒立ち寄っては、注文のパンを渡す。だが焼きたてのパンは、貧しい子らの口には入らない。匂いだけ吸いながら、唾を飲みこみながら、パン屋の後についてくる。

白壁の家の中では、家族の昼食が始まる。たっぷり食べた後はお決まりのシエスタ。アンダルシアの村の時は、ゆっくり流れていく。

ジプシーの桃売り

高い日がシエスタ中の村をじりじり焼きつける。空の燃える青と白壁の照り返しで、路地の奥は薄いスミレ色を帯びている。と、その中にロバとジプシーの子が現れた。ゆっくり近づいてくる。男の子は鍔広の帽子を斜交いに被って粋な若者気取り、ロバは桃を背負っている。燃やした松葉の匂いが残る路地も、うつらうつら眠りかける。少年が立ち止まる。そして、いきなり歌い出した。フラメンコの切り裂くような旋律が路地に響く。何という声音だ。プラテロは驚いて立ち止まる。もう一歩も動こうとしない。歌うほどに少年は我を忘れていく。商売もロバも路地も消え、歌だけになる。古い時代から受け継がれてきたジプシーの歌、祖父たちのように父たちのように、子らも血の中にフラメンコのざわめきを持っている。歌うほどに血はさわぎ、遠い見知らぬ世界からくる木霊がそれに呼応する。

プラテロは、只まじまじと歌う子を見守る。桃を背負ったロバは、その間おとなしく待っている。時々もっと低く首を下げて、傍にある埃だらけの草を口に入れようとする。

と、少年は我に返り、自分を見守る四つの目に気づく。両手をラッパにして叫ぶ。

「もぎ立てのモモー、今朝摘みだよう」

跣《はだし》の両足を焼けつく石畳に踏んばって、二回、三回客を呼ぶ。

プラテロは少年から目を離さない。

その時、遠くで鐘が始まった。音は次第に早打ちになり、かわいらしい刻み音を混じえて今夜の祭りの予告をする。

ロバと男の子、プラテロとわたしの二組は、それぞれの方向へと歩き始める。一方は桃売りに、一方は畑に向かって。

晩鐘

バラが降ってくる。後から後から。淡いブルー、柔らかいピンク、透明な白、村中に降ってくる。夕方の空が解け、透き通るバラの花になって舞い下りてくるように。

ごらん、プラテロ、お前にもわたしの顔にも肩にも手にも降りかかる。向うの塔も、木も屋根もみんなバラに覆われた。

白い村は、夕日を映して仄赤い。晩鐘は鳴り響く。後から後から。音は見えないバラになって村を覆う。その間、見慣れた村が別の姿に変わる。脆い日常性を突き破って、強固で清らかなものがゆるゆると現れてきたかのように。

晩鐘のバラの奥に、星が点り始めた。

プラテロ、お前の静かな目は、わたしには何より美しい二つのバラだ。

ロード

（本には、よく犬が出てくる。数えてみると、五つの散文詩が犬を主題にしている。五つだから五匹の犬、それぞれの姿が印象深い。たとえばダイアナ、元気盛りの甘えんぼ、プラテロと一緒に寝起きしている。暑い日盛りにはプラテロのおなかの下に入り、昼寝する。山羊も子どもらも自分の仲間にして遊び回る。

名を持たぬ疥癬病みのやせ犬もいる。村に姿を見せる時はいつも決まって、隅っこを這うようにやってくる。子らの投げる石やら罵声を浴びながら、それでも娑婆に出てくる。ある日その惨めな姿が二日酔いで気嫌の悪かった番人の気に障り、石ではなく鉄砲の弾を撃たれた。やせた体は空を一回転し地に落ち、そのまま息絶えた。

囲い場に繋がれたひとりぼっちの犬は、他にする事がないから亀が通っても吠える。だれが通っても、突っかかるように吠える。

だが、晩秋の入日の時には、なき方が変わる。日は濃い紅の玉になって野に沈んでいき、繋がれた犬は、それに向かって堪らないようになき続ける。長く引き伸ばした鋭いなき声が周りに響く。いつも入り日の時になるとそれが始まり、沈んでしまえばぐったり地に寝そべる。

四匹の赤子を生んだばかりの母犬もいた。翌日不意に姿を消したわが子を捜して、母犬は村中を駆け回る。出たり入ったり、柵に登って方々見回し、狂ったように道を嗅ぎ、そして夕方ついに見つけ出した。重い病いの子が寝てる家の納屋に、四匹は寄り固まっていた。生まれたての犬の肝をスープにして飲ませれば病いの子に効くことを聞いて、その両親が飼い主からもらってきたのだった。母犬は夜中四回の往復をして、わが子を取り戻した。翌朝、親子を見て驚く飼主を、わが子に乳を飲ませながら見上げた母犬の目の何と甘やかだったことか。犬の持ち主がその出来事を村に吹聴し、ヒメネスがそれをプラテロに語ったのだろう。

そしてロード、その思い出は痛ましい。）

プラテロ、ほら、これがロードだよ。この写真、ゼラニウムの花の間で日向ぼっこしてるんだ。何度かお前に話したことのあるロードだ。

まっ白でふわふわのボールみたいな犬だったよ。キラキラした生命力で家族を元気づけていたんだ。

家の中やらパティオやら、いつも走り回っていた。時には往来にも飛び出す。

ツバメの巣を覗いて、生まれたての雛を大騒ぎさせたこともあったよ。五月、百合が花盛りのパティオで蝶を追いかけて引っくり返る。煌めく日盛りに、何の理由もなくいきなり宙返りする。

好奇心いっぱいのイタズラっ子だった。

だけど大好きなわが主人（ヒメネスの父親）が息を引き取った時は、昼も夜中も棺の横に蹲っていた。その後母が心労で倒れた時、ロードはベッドの許から離れなかった。寂しい目でじいっと蹲まり、家族が運ぶ食べ物も口にしなかった。

ある日、村の男が息せき切って駆け込んできた。

「ロードが狂犬に襲われた」

家族が駆けつけた時、ロードはもう噛まれた後だった。直ぐ隔離せねばならなかった。醸造所の裏手にあるオレンジの木に繋がれた。ロードは吠えも訴えもしなかった。黙って、わたしを見上げた。

立ち去りながらふり向くと、立ったままでじっとわたしを見送っていた。

自分の運命を知っている、そう思った。家族から見捨てられ、まもなく狂い死にしていかねばならぬ事を。

今も、あの目は胸を抉る。プラテロ……。

雌ロバの乳

十二月、待降節《たいこうせつ》の時、朝の沈黙の中に人の足音や咳の声がする。風がミサの鐘の音を村の反対側に引っくり返し、七時の馬車は空っぽで通っていった。窓の下でさっきから鉄の鳴る震動音がしている。搾乳機の音だ。あの盲目の男がきっといつもの待降節のように、雌ロバを同じ場所に繋いだんだろう。

ミルク女たちは腹にブリキ缶を結えて、四方へ散っていく。「今年も来たよう、甘いおくすり、白いお宝が－」と触れ回りながら。盲目の男が搾乳機を取り付けてロバから搾り取った乳は、風邪引きの薬になる。病人にはお宝となり、いい値で売れる。

男には自分の雌ロバが一年一年、一日一日、萎びていく姿が見えない。いつまでもたっぷり乳が取れると思っている。

この前、プラテロとわたしが野道にさしかかった時、男が盲滅法に棒切れを投げているのを見た。ロバは飛んでくる棒切れを巧みに躱《かわ》して逃げる。草面《くさづら》を這うように走り回る。知っているのだ、彼の目があまり見えぬことを。男の勘は働かず、怒り狂った棒やら小石は、オレンジの木に落ち突っ立った小岩に当たり、無駄に空を切る。

おとなしいロバはもう厭なんだ。搾乳機で無理矢理乳を搾り出されるのが。

だが結局、この待降節にもいつものように連れてこられた。そしていつもの場所に繋がれたんだ。

ああ、老いかけたロバは、おとなしく立って搾り取られるままになっている。

モゲルへの旅

ある時ひょいと思い付いた。モゲルに行ってみようと。プラテロと「わたし」が歩き回っていたあの村を、わたしも歩いてみようと。

その本を教えてくれた先生は言った。

「あの村にはヒメネスの生家が残っている。なに、村は小さいから見て回るに三時間もかからない」

だだっ広いスペインを横切って地中海に近い南のその村へ行くには、二日かかる。バスだと四、五回の乗り代え、途中どこかで一泊しなければならない。

セビリア出身の人もアドバイスしてくれた。

「セビリアか、カセレスで一泊。次の日二つバスを乗り継いでモゲル。村には〝プラテロ〟という名の小宿がある」と、電話番号も教えてくれた。

その宿には、念のため予約を入れた。

十二月半ば、地図もガイドブックもカメラも持たずバスに乗り込んだ。途中通り過ぎた幾つもの村や町には、待降節のイルミネーションが飾られていた。

二日目の最後に乗ったバスがモゲル行き、雨が降っていた。バスは収穫を終えたオリーブ畑を両側に見ながら走る。雨に濡れたオリーブ林は銀緑色、土は鮮かな茶、その上を雲の群が南に向かって動いている。オリーブはアンダルシア地方の主要産業の一つ、近年輸出が急増しオリーブ畑の持ち主には金持ちが多いと聞く。

村の広場がバスの終点だった。宿はそこから更に坂道を登った曲がり角にあった。出て来た主人に予約していた事を告げ、名を言った。だが、こんな村にたった一人でやってきた小さなアジア人を彼はじろっと見下ろし、パスポートをと要求した。足許では黒い犬が牙を剥き出して、見たことのない顔つきに吠えかかる。

わたしはパスポートのコピーを取り出した。

「こんな紙片じゃだめだ。パスポートを」

「あれ、スペインじゃ数年前から日本人旅行者はコピーでもいい事になってる」

「そんな事は聞いたこともない」

そこで、わたしは一生懸命説明した。スペインでは日本人パスポートの盗難があまりにも多いから、二国間の協定でコピーでもオーケーになったことを。わたしも一度マドリードでやられた。以来、コピーしか持ち歩かないことにしていることも。

「そんな筈はない。コピーでいいなど……」

わたしも躍起になった。

「どこだって通用する。銀行でもホテルでも。だれだって知っている」

「どこで通用しても、此処じゃ駄目だ。パスポートなしの者を泊めるわけにはいかぬ。パスポートの実物を見せなさい。警察からの命令だ」

「でも警察は知っている筈だ」

「そんな御達しは受け取ってない」

そんな押し問答をしている間、犬の方はわたしと目が会う度にうーと牙を剥く。

「それじゃ、警察にいって許可取ってくれれば泊まれるか」

「そうだ。ここん所、不法入国者が多いんでね。警察がうるさいんだ」

男の口調が少し和らいだ。

プラテロという優しい名を付けているのに何という石頭かと思ったが、とにかく一夜の宿だけはどうしても必要だ。バスで引き返すことはできない。スーツケースを引きずりながら警察を捜し始めた。

雨は止んでいた。歩いている内に、太い束になった光線が射してきた。光の部分に入る度に、額がふわっと暖かくなった。雲の切れ間に覗く青は、見る間に広がっていく。家並みの白が光る。濡れた石畳の路地奥にも光は射し込む。

だが歩いても歩いても警察はない。幾つ路地を曲がっても現れない。足は棒になり、口の中はカラカラになる。もう、どうでもいいと思った時、入口の前に立っているセニョーラが目に入った。こちらを見ている。もう何度めかになるが、同じ事をまた尋ねた。

「警察はどこですか」

「この近くだけど。どうかしたの」

セニョーラの不審そうな顔に、わたしは事情を説明した。パスポートのコピーが通用するのは、もう数年前からのことだと強調した。彼女は言った。

「あの人は有名な頑固者。どうしてもプラテロに泊まりたいの。そうでなければ、もう一つ宿があるけど。小さいけれど、きれいな家よ」

わたしは、ぱっと元気づいて答えた。

「むしろ、泊まりたくないくらい」

そこでセニョーラは宿までの道を教えてくれた。

初めてのモゲルの現実は、そのように現れた。

その宿は目立たぬ木の看板が出ているだけの家だった。同じような白い家、入り口が道沿いに並んでいた。

だが一歩サロンに入ったとたんきれいな青の感触に包まれたような気がして、一瞬立ち止まった。青を基調にしたモザイクの壁だった。陶製の細かいタイルが壁一面に貼られている。その組み合わせがさざ波の模様を作り、無数の動きと静寂になって入ってきた者を取り囲んだのだ。

着古したセーターの宿主は、取り出したコピーを受け取って「おもしろい字だな」と言った。「本物のパスポートを」など言わずに、「これがお国の字かい」と、珍しそうに見た。彼がその番号を宿帳に記載している間、わたしは居心地のいい家のサロンに居るような気分がした。磨き込まれたさざ波の壁は、宿というより落ち着いた家庭の空気を伝えてきた。

写し終わると宿主は言った。

「此処は朝食はつかないよ。泊まるだけ。食事はバルかレストランでできる」

サロンから二階に登る広い階段は気がつけば大理石、手の平で触りたくなった。確かにひんやりした堅い石の感触がした。部屋はベッドがあるだけの質素なものだったが、代わりに中庭が見下ろせた。四方を家と白い塀に囲まれた石畳みのパティオだ。真中に一本の木がある。濃い緑の間に点々と明るい黄が覗き、レモンの実だった。そしてたくさんの花鉢、いずれも白地に青模様の陶器の鉢が白壁にぶら下げられ地に置かれ、パティオの顔を作っている。アンダルシア地方の典型的な中庭だ。

今は冬、みんな夕方近い翳の底に沈み花はない。だが一つの光景を語りかけてくる。春になれば一斉に花が開き、夏にはパティオ中が色取り取りの花で飾られるだろう。蝶も来て蜂も来て、レモンの木では鳥が鳴き、様々な生き物たちの気配が飛び交う。あの本には村のシエスタの時が描かれているが、人はこんなパティオを取り入れた家で昼寝するんだ。多分、今も……。

と、其処にエプロン掛けの女が出てきた。花鉢の一つ一つに屈み込む。上からだと丸まった背が見えるだけで、何をしているのかわからない。さっきの宿主の奥さんだろう。後姿は順ぐりに鉢を巡り、空を見上げてそれから家の中へ入った。

パティオの上には、光の漲る空が広がっていた。雲は見事に消えて、底なしの青だ。青というより深いコバルトブルー。冬の暖かいアンダルシアの村では、夕方毎にこんな色の空が広がるのだろうか。ドアを開け放したままベッドに腰かけて、その青をいっぱい胸に吸い込んだ。

机がないのは困るけど、その部屋に三晩泊まることにした。

村の夕方は長かった。私の住む阿蘇の冬のようにことんと暗くはならず、空の明るみは残り、コバルトブルーも続く。翳に入った村の中を、足に任せて歩き回った。

なぜか何処も道に面した入口のドアが半開きだ。どの隙間からもモザイク張りの壁面が覗く。彩りも柄も一軒一軒違う。白と黒ばかりの碁盤模様も見た。アラベスク風の左右対称もあった。思わず足が止まる。時には大理石の床や階段も見えた。だが、二、三回犬に吠えられた。

どの二階も又同じような黒鉄のバルコニーを持ち、下の通りを見下ろしている。

みんな同じ造り、少なくとも村の中心地では何処を歩いてもどの路地に入っても。外壁の強い白、バルコニーの黒い鉄柵、内部のモザイク壁面、そして外からは見えないパティオの空間、頭上には果てしない青。その外観から異物をばんと撥ね返すような安定した生活意識が匂う。『プラテロとわたし』が生まれた百年前も村は同じ姿であったろう。あの中では村の白と青は、陽の位置によって微妙に色調を変えていた。

阿蘇の稲田の村が浮かぶ。あの村でも田面の緑は陽の動きで色合いを変え、人が感じない微風でさざ波になる。日が暮れて家々に灯が点る時間帯には、ふしぎな緑色になって広がる。あそこでは稲田が村の時を作り、顔になり、風土を育くむ。空も空気も柔かく、一生を田で過ごしてきた人たちの顔は柔和で、どこかに風格が滲む。

モゲルに感じるのは、それとは対照的な固さだ。それにしてもこの空、日が沈んで少しづつ深味が増してきた青は、陶製の触感を放つ。今わたしが見ているこの空は、ヒメネスとプラテロの上にも広がっていたろう。もしかしたら五十年先地球がそれ程変わらねば、彼の本に惹かれてやってくるどこかの国の旅人も、同じ空を見上げるかもしれぬ。

遠い国で晩年、ことに生涯の伴侶だったセノビアが逝った後の一人の日々、ヒメネスはどんなにモゲルの空が恋しかったろうと、歩きながら考えた。

村外れの道に朝日が射し始めた。草叢の露も黄色い野花も、光の中に入った。冬なのに、此処では点々と咲き残っている。

朝の地中海を見ようと早くに宿を出たが、坂を登っても海は現れなかった。宿の人が教えた通りに歩いたつもりだったが、どこかで方角をまちがえたらしい。そこで畑中の道を引き返してきたところだった。

今度は朝食が取れるバルを捜し始めた。村の周辺とはいえ、バルはスペイン人のもう一つの家同然だからかならず有る筈だ。畑が尽きた所から墓地が始まった。墓地に付き物の糸杉の影が、朝日の当たる道に並んでいる。そして草の繁る空地、また空地、学校らしい敷地を通り過ぎた時、一軒のバルを見た。九時前後であったろう。

中には作業着の大きな男たちが四人、カウンターを陣取って声高に喋っていた。わたしは端っこからコーヒーを注文した。四つの髭面が一斉にふり向き、中国人だかフィリッピン人だかの小さな婆さんを品定めした。そして直ぐに自分たちの話に戻った。

「トーストも一つ」と付け加えたが、バルの男は素っ気なく答えた。

「そんな物は此処にはない」

当たり前だ。スペイン人は一般にトーストの類を食べないのを弁えてはいるが、念のためと思って言ったまでだ。仕方なくガラスケースの中の菓子パンを注文した。

その時、もう一人客がいるのに気がついた。向うに並べられたテーブルの一つに、老人の後姿がぽつんと座っていた。

喋りまくる男たちの横で、まずい菓子パンをコーヒーで流し込んだ。強く断固とした声が唾と一緒に飛び交い、政治談義が続く。サパテロ（スペインの首相）がどうの、ペペ（反対党の名）がどうの、わたしは側で食べ終わったら直ぐ立ち上がろうと思う。聞いた話だが、スペインの男たちの好みの話題は政治批判だという。

黙って座った老人の前方には、汚れたガラス窓があって裸木が二本枝を広げていた。二本の木とも朝日の中だった。細い背は何を見つめているのか動かない。

正面の棚には酒瓶が並んでいる。コニャック、ウイスキー、透き通る草色のアニス、薬にもなるというが一口啜った一瞬後に胃の腑がカッと燃えるアルコール度六十度七十度の奴だ。このバルも周辺の人たちが何かにつけ集まる場なのだろう。

だが、わたしには居心地悪い。朝なのでバルの男は仏頂面、木の床には泥がこびりつき、声高な政治談義は興味ない。コーヒーを飲み終わってお金を払おうとした時、奇妙な歌声が始まった。誰もが驚いてそちらを向いた。あの老人だった。喉元から絞り出すような細い声は、クリスマスの歌になってバルに響いた。

「オレ！　ホセ、オレ！」

男たちは喜んで囃し立てた。雰囲気は一転した。

――マリアや、マリア。誰かがイエスの御むつ掻っ払ってるよ。そら、走っておいき――

この季節、あちこちから聞こえてくるクリスマス俗謡の一つだった。昔から村々に歌い継がれてきたそんな歌は、子どもから年寄りまで知っているという。語学学校でも外国人に教えられるので、わたしも知っている。バヤドリードでは、隣りのピソ（各階にある個々の住まい）からも子どもの歌う声が聞こえてくる。

老人が歌い終わると、ワアーッと喚声が上がり拍手が起こった。一人の男など、スプーンでカウンターを叩いて喜んだ。

バルの男は徐ろに棚からコニャックの瓶を取り出し、グラスに注いだ。そして、老人の所に

行き、

「ホセ、奥さんの思い出に、そしてアンタのクリスマスに」

と言って、テーブルに置いた。

それをぐいと飲むと、次の歌が始まった。その歌までは、男たちの声の伴奏が入った。三曲め、もう誰も聞いてない。男たちは自分たちの話に戻った。だが今度は政治談義ではなく、低い声でその老人のことらしい。
・アルコールの入った老人は歌い続ける。聞いているのは、中国人だかフィリッピン人だかわからぬ婆さんだけ。歌に感動しているからではない。その歌声が最後の日々の母の姿を髣髴とよみがえらせたのだ。
記憶を失い、言葉も次々に失い、動きも失った母に最後まで残っていたのは、ユウコの顔とお正月の歌だった。その歌を時々突拍子もない時に歌い出した。

——もう幾つ寝るとお正月。……早くこいこいお正月——

調子っ外れのかん高い母の声は、特別養護老人ホームの寂しい広間に響いた。母にとって一番幸せだった子ども時代の、一番楽しみだった時の歌だった。人間の心の不可思議さに涙が流れた。

老人が歌を止めた時、わたしは立ち上がった。さようならと挨拶したが、その後背は又つくねんと汚れたガラスに向かったまま何も言わなかった。

トロッコ風列車に乗って

「ポッポーッ」。モールと旗で飾り立てた連絡車がわたしの前を通り、かわいい気笛を残してマヨール広場を出ていった。トロッコのような箱形車が五つ繋がれた、まるでおもちゃの列車だった。庁舎前の乗り場には、さっき人の列を並ばせていた腕章の男がそれを見送っていた。

わたしは思い切って尋ねた。

「今の列車には、誰でも乗れるんでしょうか」

「はあ？」

彼の顔はちょっと当惑した。

「乗りたければ、乗れないことはないけど。但し、切符が要ります」

「何処で買えますか」

「買う?　なに、その辺の店に行けば手に入る」

頭の中は何処へいくのかわからぬあの列車でいっぱいになり、切符を求めてあちこちの店に尋ね回った。何軒めかに入った薬屋にそれがあった。

「お幾らでしょう」

それを取り出してくれたきれいな娘に言った。

「お金は要りません。役場と商店が企画したクリスマスのプレゼントよ」

「おやまあ」

「オヤマー」

きれいな娘は真似して言った。

さっきの場所には次の群ができていた。切符を握ってわたしもその中に並ぶ。だが、しばらくして見回すと、子どもがほとんどだ。その中に年配の顔が三つばかり混じっている。なんだか気が引けて、そのうちの一人に話しかけた。

「子どもばっかりだけど、わたしも乗っていいのかなあ」

太ったセニョーラは答えた。

「心配いらないわよ。わたしも乗るんだから。孫のお供」

もう一人の年配も子どもたちの頭越しに、

「大丈夫。見受けるところ重量はあまりなさそうだし」

わたしを見て言った。

こういう時、スペイン人はたいそう気さくだ。小さなきっかけで見知らぬ者どうしの間にたちまち会話が始まる。

すると又あのポッポーが聞こえて、かわいい列車が広場に入ってきた。青い帽子の男がそれを運転している。耕耘機を改造したような運転台に見えた。列車は広場をひと巡りして、群の前に止まった。

腕章の男は、子どもらを整列させた。

「セニョーラは、何処ですか。あ、日本。日本のセニョーラはこちらへ乗ってください」、と三つめの車を指さした。小さな孫をつれた太ったセニョーラは、四つめに乗り込んだ。わたしの隣りには、細い首の男の子が行儀よく座った。九歳前後だろうか。

何処に向かうかわからぬまま、列車は動き始めた。隣りの子の横顔が前を向いたままにこっと笑った。

前の二台がとある路地に曲がり、三台めもそれに続いた。きのう歩いた時は気がつかなかったが、路地の入り口辺りに「リベラ通り」と名の入った銅のプレートが揚げられている。ゆっくり走る車からは、白壁に貼り付けられた名がはっきり見えた。『プラテロとわたし』の中では、水売りの家があり、その真向かいに作者の生家がある通りだ。子どものヒメネスは時々塀に登って、見知らぬ世界を眺めるような気持ちで水売りの家を見ていた。

隣りの子が急にわたしの前に身をのり出して、大声を上げた。

「ママー、おばあちゃーん、おーい、カルメーン」

向うのバルコニーから二人の女が声に向かって手を振り、黒犬は必死で尾を振ってキャンキャンとないた。それじゃあこの子も、ヒメネスと同じリベラ通りで生まれたのだ。

列車はゆっくりその下を通り過ぎた。男の子は振り返って手を振り続ける。そうして次の路地へ曲がった。前からも後からも子どもらの喚声が上がる。通りすがりの人たちが笑顔になって手を振る。

「サン・ホセ」という名のプレートが目に入った。村の者からおばかさんと見做されていた男の子が住んでいた路地だ。入口にすわって、通っていく人を見るのが大好きな子だった。母親は毎朝小さな椅子を入口の石段に置いた。ボーヤはそこに座って前を通っていく人に、「おーい、おーい」と呼びかけた。本には書かれてないけれど、あのプラテロのことだから通りがかりの度にその子の前で立ち止まり、優しい顔をぬうっと近づけたことだろう。ことばを持たなかった男の子は、キャッキャッと喜んだろう。だがある時を境にその入口から姿を消した。そしてもう現われることはなかった。小さな椅子といっしょに、天国へ行ってしまったのだ。

今、列車の子どもたちに向かって「おーい、おーい」と呼びかけてるかもしれない。天国は遠いから、誰にも声は届かないけれど。

スペインの教科書には、『プラテロとわたし』やヒメネスの詩がのっているという。隣りに座っているこの子も、詩人の名を知っているにちがいない。ヒメネスの生家と同じ界隈に住んでいるから、幼ない時からその名を聞いていただろう。わたしは伝えたくてたまらない。椅子のこどものことを、空から聞こえぬ声がしていることを。わたしは国は違うけれどヒメネスの詩が好きで、とうとうその本が生まれた村にやってきたことも。

でも、心の中だけに留めておいた。彼の顔は忙しく動いてあっちこっちに目を向け、時々じっと一ヶ所に止まる。

「お兄ちゃん、海だよ」

後で声がして、はっとふり返った。

「ちがうよ、あれは空。地中海はそっちの方角じゃない」

年長の子が言い、二つの似通った顔が見ていた方にわたしも目を向けた。進行方向の左手に坂が何本か下りていて、その根元から空が開いていた。白い家並の狭間で空は海のようにも見えた。一つの狭間には二ひら、三ひらの雲があった。もう、うっすら夕方のバラ色を帯びていた。ゆっくり動くトロッコ風列車から見れば、いつも見慣れた光景も通りも子どもらの目に違って映るのだろう。わたしも彼らの姿を通して、サン・ホセ通りのおバカさんを想い、短い詩のような会話を聞いた。

三十分か四十分、村を一巡りした五つの連結車は再びマヨール広場に戻っていった。

ヒメネスの生家

スペインの午後の仕事は、三時間の中食・シエスタの後一般に五時に始まる。ヒメネスの資料館も、「午後の部・五時開館」としてあった。その時刻になっても扉には錠前が掛かっていた。二回めも同様。そこで三回めはうんと遅く七時半頃出かけた。廊下の窓には灯が見え、黒髪のセニョリータが扉を開けてくれた。そして、

「先週以来、あなたが初めての来訪者です。ちょうど、もう閉めようと思ったところでした」

と言った。

広いサロンには手書きの原稿やら写真、本などが展示され、久しぶりの客にセニョリータは一つ一つ細かく説明した。だが何とも難しい言葉が混じり、よくわからない。それより壁に掛けられた幾つかの水彩画に目を引かれた。若い頃、ヒメネスが描いたものだという。十八、九歳の頃、セビリアで画家になるための勉強もしたそうだ。

その中に黒服の痩せた男がロバに乗り、黙々と歩いている絵があった。ロバも男も伏し目、背後に手を振り上げたボロ服の子らが小さく描かれている。あの場面だ。男はヒメネス、ロバはプラテロ、そしてジプシーの子らの罵倒の声、わが現実を他者の目で見て、さらりと描き出していた。

「やーい、気ちがい、変な奴と言われている場面ですね」、思わず言った。

「そうです。よく覚えてましたねえ」

セニョリータは小学校の先生の口調になった。

「ヒメネスは自分の村に強い愛着を抱いていましたが、村の男たちの世界には入れませんでした。男たちにも彼は煙たい存在でした」

百年前の人のことを、まるで知っている人を語るように評した。

「でも魂だけは戻ってきて、この辺りを彷徨っています」

と生真面目な顔でつけ加えた。わたしは尋ねたかった。もしかしたらその詩人と血の繋りがあるんですかと。だがその代わりに別のことを尋ねた。

「雨水を集める平屋根、あれはこの上ですか」

「もちろん。登りたいですか」

「はい」

彼女は懐中電燈を取り上げた。

狭く急な階段を抜け出ると、頭上に星空が開いた。その下で煉瓦の白い床は淡い月明かりを映し、目を向ければ東の空に満月が有った。

「ごらんなさい。地中海が見えます」

セニョリータは東南の方を指さした。三百六十度の視界に広がるのは、月光を浴びたモゲルの夜、そして遠景の野、わたしの目には何処が海なのか判別がつかない。村の灯、ふしぎな光と翳に沈む野の連らなり、地平線の辺りに遠い灯の島、そしてその左手から銀色をした光の帯が続く。それが地中海だろうか。

「あの灯はウェルバ。モゲル行きのバスはあの街から出ます」

セニョリータのきれいな横顔は、しばらく遠い街の灯に止まった。

今、わたしが立っているこの地点にヒメネスも立ったかもしれぬ。八月の夜半、あの山火事の時も。夜九時過ぎ早打ちの鐘の音が村に響き始め、家族は夕食を放り出して屋上に駈け登った。まっ暗な野の地平線に、鋸刃の形した炎が揺らめき、現実の時間を突き破る。黒、赤、バラ色、清明な色をした炎は夜の中に動き続け、ヒメネスの目はそれに見入る。あの時、きっとこの場所だ、異様に美しい炎の静寂を見ていたのは。しきりにそんな気がした。わたしの両脚が立っているこの同じ地点。

「今夜は満月なのね。さあ、日本のセニョーラ、下りましょう」

セニョリータの声がして、わたし達は階段を下りた。

現実の時間の箍《たが》が緩み、永遠が覗いたような一瞬を見た土地は忘れ難い。心の中にくり返しその映像が戻ってくる。モゲルもそうだった。

カセレス

水の土地の入日

ポルトガル国境に近い古都サラマンカで、バスは四十分の中食休憩を取った。運転手は、二時半には出発するからそれまで必ず戻ってくるようにと言った。

新しく乗り込んできた顔触れも交えて、指定の時刻にはほぼ全員の乗客が揃った。だが一人だけ欠けていた。バスは待たねばならなかった。待つ時間は長く感じられた。さっきのあの太った男、食堂のカウンターでワインをたっぷり飲み喋っている内に、時間を忘れたにちがいない、そうに決まってる、わたしはだんだん苛立ってきた。スペイン人の喋り好きなことといったら……。

「やあ、すまん、すまん」。やっとその男がバスに戻ってきて、運転手はエンジンをかけた。約十分遅れの発車だった。バスが走り出すと、サラマンカから乗ってきた隣の女も喋り始めた。褐色の小さな顔立ちの人だった。

「何処まで行くのかえ」、「カセレス」

「わたしゃ其処の近くの村に住んでるが、サラマンカの病院に入院してる妹を見舞っての帰りなのさ」

それが始まりだった。彼女はひっきりなしに喋り続けた。自分には五人の子がいる。どれも美男美女ばかりさ。スペイン中に散らばったんで、今じゃ病身の主人と二人。鶏を飼ってるよ。かん高いその声は、バス中に響いた。何を言ってるのかわかってもわからなくても、わたしはそうかそうかと相槌を打った。窓の向うには野に放たれた黒牛の群や、どんぐり林に豚の群など、次々に現れては消えた。ひっ詰め髪の彼女は話し続けた。

「爺さんの知り合いが、この辺で豚飼ってたんで、子どもの頃はよく来たもんだ。知ってるかい、団栗《どんぐり》たらふく喰って太った豚の生ハムは旨いもんだ。あたしの爺さんも昔は家でそれ作ってたがね」

カスティーリャ地方が尽きてエスツルマドーラ地方に入ると、風景は一変した。動物の姿は消え、石だらけの不毛の野が続いた。

「使いものにならぬ土地さ」

隣りの女はわたしに言った。サラマンカを出て、三時間以上が経っていた。日が傾きかけているようだった。と、果てしなく続く褐色とグレーばかりの光景に、谷川が現れた。次第に水量を増しながらバスに沿って走り、やがて視界から消えた。まもなく異なる右角から別の川が出てきた。遠くからもう一つ淡いピンクの流れになって現れ、その川が行き着いた所に大きな湖が広がった。途中で出会った二つの川も其処に辿り着いていた。山間を埋めるような壮大な水の土地は、ちょうど日没の時で、雲も湖も川もみんな夕焼けの色に染まっていた。バスは湖沿いの道に向かって下り始めた。雲と水面の夕映えは見る間にトーンを強めながら、空と地の両方に燃え上がった。山間の湖に溜まった夕日は深い紅となり、雲に反射した。入日を包み込んだ雲は濃い紅に染まり、水面はそれを映し出した。互いの照り返しで、薄闇の混じる空間には灰赤い光の粒子が浮遊して、ふしぎな明るみが漂っている。バスは速度を緩めた。水平になった光線はバスの中にも入ってくる。だれもが黙ってしまった。乗客はその空間を横切っていく。ポルトガルとの国境近い山地に、忽然と現れた日没の現象だった。数分間早くても遅くても出会えなかっただろう。

バスが水の土地を抜けた時ふり向くと、雲の隙間から真紅の最後の一片が山向うに消えたのが見えた。周りには再び石だらけの荒地が広がった。遠い地平線から来る残照が、地の石や灌木を暗いオレンジ光で包んだ。

心の中にはまださっきの夕映えの凄さが、殷々と鳴っていた。サラマンカであの男が遅れなかったら、バスは定刻に出てその入日にはぶつからなかったろう。

偶然の巡り合わせだった。まるで心の奥に埋まっている願いが、たった今実現したような気がした。

その時、ふと思った。願いはどんな形でか実現していくものだ、実現などという言葉を忘れてしまう程持ち続けておれば……。

「明日は雨。大降りだ。せっかくカセレスに行くというのに、気の毒だね」

隣りの女は、又話し始めた。

「どうして、そう思うんですか」。わたしは興味を感じた。

「あんな夕焼けには、雨の匂いがするのさ。それ位わかるよ。生まれた時から此所だからね。爺さんがよく言ったもんさ。あの雲、ありゃ雨引っ張ってくるぞって。此所じゃ、雨は大事なもんだからね」

その女は、灯の点った村の停留所で下りていった。

その次の停留所はカセレス、闇の中から灯の島になって近づいてきた。世界遺産の旧市街を抱く小さな都、わたしの目的地だった。

翌日、あの女の言った通りカセレスは朝から土砂降りの雨に見舞われた。

その最初の旅以来、何度かカセレスに出かけた。水の土地の入日に合わせて、同じ時刻にサラマンカを通るバスに乗り込む。だが、あの燃える夕映えには出会えない。山に沈む夕日は湖をうっすらバラ色に染めるが、様々なトーンの紅が炎になって鳴り響いていたあの日没ではない。小さな顔の女が言ったように、雨を含んだ雲が寄り集まった初冬の時と入日の位置、大気の加減が一つになって生じた現象だったのだろう。

それでも、あの時ぽっと点った思いは見え隠れしながら一つの確信になって残っている。

カセレス旧市街

カセレスの旧市街は、城壁に囲まれた丘の上にある。昔アラブ人が築いたその砦には、七つの門がくり抜かれている。主要な門は、「星の入口」という美しい名を持っている。いつの時代の人がつけたものかは知らない。ゆったりしたアーチ型に組まれた石が、入口を縁取っている。今も丘の町へ入るには、そこをくぐらねばならない。

一歩中へ入れば、独特の静寂に包まれる。長い時を経た石と歴史の町が放つ雰囲気を感じて、立ち止まってはその静寂に耳を澄ます。赤っぽい石の建物が上へ上へと並び、石畳みの路地がその間を縦横に通り抜ける。登っていけば、それとも下っていけば、どれも広場に行き着く。館の狭間からは、エスツルマドーラのごつごつした山野が遙か下の方に見える。

歩く途中で立ち止まる路地は、硬い暗紅色の石壁に挟まれた日陰の谷底だ。頭上高くに、それはそれは青い空が細長い形になって覗いている。昼間にはまっ白い鸛《こうのとり》が一瞬そこを飛び去っていく。夕方であればバラ色をした一片の雲が横切り、路地の谷底を仄明るくする。

旧市街の案内書には書かれている。一世紀この辺に侵入してきたローマ人は古代ケルト族の城跡に陣地を作り、その後にやってきたアラブ人は同じ丘を城砦で防護して自分たちの居住地を作った。近世にかけては、アラブ人を破ったカトリック勢力がそこに住みついた、と。種族が入れ替る度に、勝者は敗者が置き去りにした文化をわが暮らしに生かした。スペイン貴族たちも敵のものだった美しい建築様式を取り入れて、今残る旧市街地を作った。細長い窓を持つ赤レンガのきっぱりした建物や狭い路地など、伝統的なアラブ様式だという。泊まった宿もそんな館の一つを改造したもので、通路にもパティオにも冷え冷えした沈黙が染み込んでいた。

今ではそこに人が住み、鸛も共存し、観光客もやってくる。幾つもの異なる文化が入れ替わり血を滴らせた時の流れは、黙した静寂となって城壁の内に積み重なり、人と鸛の普段の生活はその中で営まれている。

最初のカセレスは、雨に明け雨に暮れかけた。雨は石の旧市街地を叩きつけるように一日中降った。石畳みに水しぶきを上げ狭い坂を流れ落ち、歩いていると靴もオーバーもずぶ濡れになった。そんな道では誰にも会わなかった。生活の気配もしなかった。一人だけ黒いこうもり傘をさした神父さんとすれ違った。その人は立ち止まり傘を高く上げて、登ってくるわたしを最初に通してくれた。

暗紅色の建物の中には人が居るのか居ないのか、何の物音も立てず雨に打たれているばかり。当てもなく歩いている内に、旧市街地は時間を失った。まだ朝なのかもう午後なのか、二十世紀にいるのか十五世紀にいるのか朦朧となった時、向いの細長い窓に人影が見えた。だが、すぐに消えた。むしょうに人と話したかった。

スペイン時間の中食とシエスタが終わり、午後の生活が始まる五時過ぎ、雨は小降りになった。わたしも再び宿を出た。夜になったら旧市街を下りて土地の人が集う安くておいしい食堂を捜そう、旨いワインも飲もうと思いながら坂を登っていった。石を打つ雨の音に囲まれて一日を終わりたくはなかった。誰とも話さず……。

気がつくと、本当に細かくなった雨粒に光が射し込んでいた。空では雲が切れ始めた。その時不意に曲がり角から女の子が出てきた。花柄の傘をさし、もう一方の手にパンの突き出たビニール袋を下げていた。その後から痩せたおばあさんが続いた。やっぱり手に嵩張ったビニール袋を持っていた。小さな傘と大きな傘は前後に並んで目の前を登っていった。袋から突き出たネギの白が、おばあさんの歩調に合わせてコトコト揺れ、それから傍の建物に入った。世界遺産の丘でその日初めて見かけた生活の断片だった。

少し先の曲がり角に、店らしいものがあった。看板も何もなく、ガラス戸を透かして見えた野菜や果物でそれとわかった。小さな食料品店だった。中に入ったとたん、チョリソや果物の匂いに包まれた。山と積まれたチーズの向うから中年の男の顔が覗き、驚いた目で何か用かと尋ねた。

「オレンジを二つにパン、それと、あのチーズ、どれが良かろうか」

どっさり積まれた丸いチーズの塊は、どれも厚い油紙にくるまれていた。

「此処にあるチーズはみんなエスツルマドーラの山地に棲む山羊の乳から作られたものだ。味が強い。食えるか」

自分たちの土地の暮らしなど何も知らなそうに見える日本人に、律儀にも彼はそんな説明をした。

「山に棲むっていうのなら、野性なのか」

エスツルマドーラの岩だらけの山地を自在に飛び回る山羊の姿が浮かんで、わたしは好奇心に駆られた。

「そうだ」

「そんな野性の動物から、どうやって乳を搾るのか」

「知らないね。見たことないから。だが山地の山羊なことにまちがいはない。少し味見してみるか」

切りかけのチーズから一片を切り取ってさし出した。匂いも味も強烈だった。だが、バヤドリードのお土産にと、一つの丸い塊を買った。

ちょうどその時一人の女が入ってきた。

「雨、止んだようだよ。いい降りだったね。一日中降った」

「畑はたっぷり吸い込んだろうよ。カンカラカンだったからね」

詩を聞くような気持ちで、二人の会話に耳を傾けた。あのジプシーめいた女が住む村にも、たっぷり降ったろう。狼たちもどこかの穴で久しぶりの雨に和んでいることだろう。山地に棲むという山羊は、大喜びで跳ね回ったかもしれない。

店を出ると、雲の切れ間から夕日が射していた。空の様子は見る間に変わっていった。雲は切れ切れになって一斉に夕日を浴び、西に向かって流れた。濡れた広場の石畳も橙色に光って、その中を犬が一匹通っていった。二人、三人と観光客の姿も見え始めた。

六時、どこかで鐘が鳴り出した。と、それが合図になったように、あちこちから違った音色の鐘の音が湧き上がった。そうして次第に高くなり響き合い、夕方の深まる丘に広がった。

――おいでよ。おいでよ。夕方のミサが始まるよ。いい雨だったねえ。一緒に感謝のお祈りしようよ。みんな、おいで――

夕焼雲の下で明るい響きになって、丘の住民に呼びかけた。現実にはこのカトリックの国スペインでも、人の足はミサから遠のいたそうだが、幾つもの教会は鐘を鳴らし続け、楽し気なリズムで丘を揺すぶった。その夕方には特別なミサが組まれていたのかもしれない。

始まった時と同じように、音は不意に止んだ。その後の濃い静寂の上で、雲は黙々と茜色に燃え、入日に面した建物の壁も深い紅の輝きを帯びた。

日が暮れると、遙か下の野で一つの村が灯を点した。それから広場も坂道もいっせいに外燈をつけた。淡いブルーの光だった。

ネオンも看板もない丘の夜が更けた時、雨上がりの星が建物の狭間にくっきり光っていた。

小川を捜して

カセレスには川がない。だが、ある時地図の中に小川の名を見た。四度めに行った時だった。「小川」という言葉は懐しい響きを持つ。いつも、かわいい流れと音、草と生き物のイメージが浮かぶ。ことに乾いた土地にいる時は、ひとしおそれを感じる。地図上では、「星の門」と反対方角から旧市街を出る。それから又どんどん下っていくとなにやら谷間らしい所があり、其処に小川の名が記されていた。

宿の人は、地図を覗きながら言った。小川の名がある所を渡ると道は登りになり、その山の頂きに修道院がある。そこから見る入日はカセレスで一番美しい。歩いて四十分から五十分かな……。説明を聞きながら、頭の中に見知らぬ谷川と夕日に包まれた山の修道院が見えた。夕方になったら出かけようと、気持ちが弾んだ。

二月下旬カセレス近郊の野では既にアーモンドが花盛りになり、入日は日本に較べてずっと遅かった。旧市街の丘を出てありふれた町並になっても、緩やかな傾斜地は続いた。真正面に小高い山があり、その頂に目指す修道院の一部が見えた。大きな汚れた病院の横を通り、ごみの山と場末を抜け、歩き続けた。このごみごみした町並と向かいの山の狭間を流れているのだろう小川が、どんな姿をしているのか想像もつかなかった。

途中に広い遊園地があった。平日の夕方なのに、なんと大勢の子が遊んでいた。普段の日に学校の外で群れ遊ぶ子どもの光景は、もう日本では見られない。いつの頃からか消えてしまった。そんな事を思いながら、わたしは立ち止まった。

目の前に自転車の群が近づいて、びゅんびゅん通り過ぎた。最後から来たのは浅黒い顔の女の子だった。一陣の風と同時に、キラキラした目がすぐ前を横切った。他の子に較べてずっと小柄な後姿は、全身でペダルを踏みながら前の自転車の列についていった。

もう夕方なのに空はスペイン特有の強い青と光、一点の雲もない。向かいの山の上に、日はまだ眩しく煌いている。その下で子どもらは夢中で遊び回り、突き抜けるような生気が匂ってくる。彼らの中にはアフリカ系のまっ黒、モロッコ系の浅黒い顔と、移民の子らが点々と混じっている。

と、何か白い物が空《くう》を横切って、すぐ側に着地した。紙飛行機だった。とたんに、わあっと小さな子らが駆け寄ってきた。その中に際立って小さなボーヤが居た。まっ黒な顔にまっ黒な縮れ毛、四歳ぐらいに見えた。我先に紙飛行機を取ろうとしたが、最初に触れた子のものになり、彼はそれをブロンドの少年に手渡した。緑の目に細い長身、他の子よりずっと年上で九歳か十歳に思えた。どうやらその少年がリーダーらしかった。彼は身構えた。「いくぞう」

飛行機は漲る光の中を一直線に飛ぶ。子どもらは追いかける。まっ黒い顔のボーヤも一緒に走る。だれよりもかん高い声を上げ、目も顔も喚声になる。ブロンドの少年は一番後から悠々と歩く。

いつも調子よくという訳にはいかぬ。一度はくるくる旋回しただけで、地面に急降下した。緑の目のリーダーは、「チェッ」と舌打ちする。すると他の小さいのもチェッとそれを真似した。あのボーヤも真黒な小さな顔をしかめてチェッと言う。

次は見事な水平飛行だ。子らの後姿が追いかける。だけど途中の木の枝にぶつかって、ストンと落下した。駆けてきた子らは、あーあとそれを見下ろす。リーダーは拾い上げるついでに、その木をぽんと一蹴りした。他の子も小さな靴で頑丈な幹をそれぞれ蹴った。例の子も蹴ろうとしたが、自分の方が引っくり返った。だが泣かない。すぐ起き上がって仲間を追いかけた。

気がつくと太陽はだいぶ山の端に近づいていた。だがエネルギーの充満する遊園地には、一点の翳りもない。乾いた大気には、日本の早春の宵に漂う憂愁も影も現れない。トーンの高い青のまま、日は傾いていく。

わたしも又、歩き始めた。

下りきった所には、小川の姿などなかった。代わりに夥しい立ち枯れの草と投げ捨てられた芥が、川の形になって続いていた。水の音もしなかった。ただ、枯草の根元に新しい緑がぽつぽつ立ち上がっているのが見えた。

犬を連れて通りがかった人が、わたしの地図を覗きながら言った。

「確かに此処ですよ。小川？　そんな物。御覧の通り。あの山の根元に水の湧いてる所があるから、ずっと前は小川だったこともあったんでしょうよ」

そして湧き水に行く道を教えてくれた。

頭に描いていた小川のイメージはどんでん返しとなり、今度はその湧き水を求めて歩き出した。


土手を曲がった時人声と水音がして、石段の上にポリ容器を持った人たちが立っていた。どっと笑い声が上がって、わたしは石段の下に立ち止まった。その場に入るのがためらわれた。笑いながらこちらをふり向いた人たちの目が、いきなり出現した奇妙な東洋人に気づいて口を噤んだ。大人たちの中に混じっていた小さな女の子など、目を見張って珍しい顔立のおばさんをまじまじと見つめた。

「こんにちは、ごきげんよう」

気後れしながらも挨拶した。一人の老人が応えた。

「やあ、ごきげんよう」

そして不審そうな目で、得体の知れぬ女を窺った。

「湧き水が見たくて来ました」

「ああ、湧き水ね。旨いよ、この水は。どうぞ」

ちょうど水を汲み終わった人が、容器を退けてくれた。

古びた石の水場だった。水は二匹の動物の口から流れ出し、一旦水場に溜まって石樋を下り、それから地中に潜っていた。肩を寄せ合った二匹の頭も顔も磨り減って、ライオンなのか犬だったのか見当がつかなかった。それでも口だけはしっかり開けて、水を吐き出し続けた。両手で掬ってその水を飲んだ。水の冷たい感触が体の中を滑り落ちていくのが、はっきりわかった。

顔を上げると全員の目が変なよそ者に向けられていた。その視線を浴びながら、敢えて又老人に尋ねた。

「いつ頃からあるんですか」

「知らないね。生まれた時から此処にあったから。ローマ時代のものだと言われている」

「それじゃあ、二千年の昔からこの口は水を吐き出し続けてるんですね」

「そうさね。ローマ人は水道作りの名人だったというから。片っ端から作ったんだとよ。わたしが結婚した頃までは毎朝毎夕水汲みに来たもんだが、今は知る人の方が少ない」

と、かん高い女の声がいきなり起こった。

「ミラ！　イハ。シグエニャ。アジ。ミラ、ミラ！」（ごらんよ、鸛《こうのとり》だ。あっち）

その足にしがみついていた女の子は、わたしから目を逸らして、その方を見上げた。果てしない紺青の広がりを、鸛が一羽飛んでいた。青と白のきっぱりしたコントラストが、カーンと遙かな気配を響かせた。点になって消えていく姿を、だれもがしばらく見守った。

今度は老人が尋ねた。

「アンタさんは、どこかい。中国、それともフィリッピン」

「日本からです」

彼は目玉をぐるりと回した。

「そんなら日本からこの水を飲みにきたのかい」

その剽軽そうな調子に、周りはどっと笑った。

「いえ、宿の人が向かいの山の修道院からは、カセレスで一番美しい夕日が見れると言ったんで、そこに行く途中です」

「車かい」

「歩いて」

老人は又目玉を回した。

「何てこった。夕日どころか修道院に着く前に日が暮れちまう。エスツルマドーラの山にゃ腹空かせた狼がうろうろしてるからな。止めた方がいい」

周りはまた笑った。

夜、狼は風の群になって飛ぶという。

結局、そこで引き返すことにした。

幻想の小川にも入日を浴びた修道院にも辿り着けなかったが、とてもいい旅をしたような気分でさっき来た道を登っていった。紙ひこうきの子どもらや、むかし昔から有る水場と人の光景に出会えたから。超スピードで物が動き人が駆け変化し続ける世界の一隅に、ひょいと覗くそんな空間は懐しい。他人にも自分にも、人間本来の姿を感じる。

アルヒベ

スペイン語の中に、「アルヒベ」という言葉がある。辞書には、アラビア語の「井戸」に語源を持つと書かれている。その昔アラブ人がイベリア半島に植えつけた水の文化が定着してスペイン語になったものだそうだ。今では生活用語から消えかかっているが、語感がなんとも美しい。

ローマが滅びた後、スペインの大半を支配下においたアラブ人は、水を得るためにローマとは異なる技術を持ってきたという。

石の道を作り山の水源地から水を引くやり方がローマ式なら、アラブ人のは天水を集め溜め浄化装置を取り入れたやり方。二つの異なる水の文化は、セゴヴィアの水道橋のように有名なものにも、ペニャフィエルという村のお城にあるアルヒベのような無名なものにも、点々と残っている。

だがローマ時代やアラブ時代にスペイン各地に作られたそれらは、時と共にほとんどが崩壊し地中に埋もれていったろう。その上に畑ができ町ができ、誰に知られることもなく大地に還元されていったろう。

旧市街地の頂近くにあるエスツルマドーラ民俗博物館は、そんなアルヒベを蔵している。外部は周りと同じような古風な館だが、内部は改築されて博物館になっている。部屋ごとにこの地方から発掘された紀元前の遺物、ローマ・アラブ時代の宝物、伝統的な生活文化の品々が展示されているが、なによりも人を引きつけるのは、地下にある天水の貯蔵庫だ。今も謎を秘めて、静まっている。

だが、冬場に訪れる人は少ない。黒いエレガントな制服の館員さんたちは、閑《ひま》をもて余す。当てもなくうろついたり、細長く狭い窓から冬の乾いた野や空を見下ろしながら口笛を吹いたり、本を読んだりしている。人が入ってくるとさっと止めて、博物館の顔になる。彼らは歴史について、たいそう豊かな知識を持っているように見える。そこでひと度何か尋ねると、どんな質問にもていねいに答える。申し訳なく感じるほど、細かく説明する。

三度めに行った時、わたしは思い切ってそのアルヒベのことを尋ねてみた。まだ若い係員は日本人のたった一人の聞き手を配慮して、ゆっくりした話し方で説明を始めた。だが夢中になるにつれ、もちろんスピードは上がった。

このアルヒベは全くの偶然から一九三〇年代になって初めて発見されたという。館の地下工事の最中だった。若い係員はその時のことを、

「まるで夢のように出てきたのです」と言った。

誰もその存在を知らなかった。十六世紀に館が築かれた時そこに住んだ住人たちさえ、知らなかったという。当時から代々書き継がれてきた古文書にも、全く記録されていない。知らずにパティオの隅に最初からあった井戸の水で暮らしていた。汲んでも汲んでも尽きない水を、何の疑問も持たず使い続けた。人の目に見えていたのはその井戸水だけ、閉じ込められた水蔵は地下の闇の中だったから。

「なにせ水の乏しい土地なので、最近までこの井戸水は使われていました」

「最近というのは……」

「地下のアルヒベが発見された後もずっと、この辺の人たちは水汲みに来ていたそうです。ぼ

くは生まれてなかったから知らないけれど。これほど大がかりなアルヒベは、イスタンブールに一つ、リスボンに一つ、此処と世界に三つしかありません。それがここの地下工事の途中初めて現れた時の驚きは……、もうぼくらには想像もつかない」

ふっと、若い係員は口を噤んだ。と、その瞬間、暗闇に滲む灯と水明り、息を呑んだ男たちの顔が点景になって揺らめいた。係員はすぐ元の表情に戻って説明を続けた。

綿密な調査の結果、九世紀から十一世紀にかけて作られたものだという事が判明した。多分アラブの領主の城だったのだろうと推測されている。アラブ人は、降ってくる雨をどんな少量も逃さぬよう煉瓦と石のパティオに集める仕組みを作り、小穴を穿って地中の水蔵に貯えた。その巨大な水槽を支えているのは石柱の列、柱はどれも天井近くでワーンと広がり、アラブ風の微妙なカーブになって一つに繋がり、パティオを支えている。かれこれ千年近く支え続け、今もその役目に耐えている。水中から突き出た列柱は、全部半分まで真白だ。水を浄化するために、石灰が塗られているという。彼らは又、水中にバクテリアが発生しないようアルヒベ全体を完璧な闇に封じ込めた。その世界に一条の光線も入ってこないような作りになっていたという。今は見物客のために淡い照明が当てられ、その仕組みをもっと近くで見られるよう狭い石段が作られている。

説明が終わった時、たった一人の見物客にも、その幼稚な質問にも、ていねいに話してくれた若い係員に、心からありがとうを言った。

それにも拘わらず、わたしの目にアルヒベは今も謎を宿したまま横たわっている。

水面に下りる石段に座っていると、水の音がしてくる。微かな音、一滴、また一滴。その音がどこから来るのかわからない。水面は動かない。耳を澄ます、薄暗がりの奥から、それとも遙かな昔から伝わってくる音に。人の視界も意識も届かぬ世界からのメッセージに聞こえる。その音に全身を澄ます。自分の存在もその一部になっていく。

再び石段を登って地上に出れば、陽の煌めく現実の世界が広がる。縦長の細い窓から、すぐ側に鸛《こうのとり》の夫婦が見える。軽やかに体を動かしながら、愛を伝え合っている。その背後には、エスツルマドーラのまっ青な空。そして教会の塔。

全てが目に見える現実だ。だが意識の一部はまださっきの世界に包まれており、目が眩みそうになる。

ポルトガルの村

ローマの遺跡とコンディシャ

ローマ遺跡があるコニンブリガは、小高い山の上にある。ポルトガル中部の古都コインブラからバスで四十分の道のりだ。だがその山の上まで回ってくれるバスは、朝九時発、日に一本しかない。遺跡の入口で客を下ろすと何処かに走り去り、もう帰ってこない。

初めてそこを訪れたのは、五年前の晩秋だった。朝からどんより曇って風が吹いていた。バスは三人の客を下ろすと、他の乗客をのせたまま又下っていった。吹きっ晒しの野の中にぽつんと一つオフィスらしい建物が見えた。北欧系らしい年配の男二人とわたしは、風の中を歩き始めた。

だがオフィスのガラス戸は開かなかった。ガラス越しに空っぽの部屋が見えた。呼び鈴を押しても、応答はなかった。ローマ遺跡の入り口を尋ねようにも、周囲に人の姿は見えなかった。すぐ側に立っている北欧系の二人に「どうしたんでしょうね」と話しかけたかったが、なんとなく憚られた。太陽の乏しい国から来ている人たちは、スペイン人みたいにたちまち知り合いになったりなどしない。長身の二人はわたしのようにあたふたせず、無言で冷ややかに立っていた。

結局、閉ざされているオフィスを後に、小道を辿って歩き始めた。遺跡はその方向にありそうだった。ふり返るとその二人も後から来ていた。

風の中に黒い服の人が立っているのが見えた。髪の金色が風に吹かれていた。柵の前でわたし達を待っているようだった。尋ねるより先に、彼の方から大声で伝えた。

「今、ここには入れません。ストライキ中です」。英語だった。わたしは納得いかなかった。英語で話そうとしたが、考えるより先にスペイン語が飛び出した。

「わたしはローマ遺跡を見に来た。ストの事など何も知らされてない。わたしは日本、あの人たちもきっと他の国から。どうか入れてください。とても見たい」

彼もスペイン語で答えた。

「個人的にはぜひ見てもらいたい。でも出来ません。今はストライキだからです」

「そこをなんとか。ほら、すぐ其処なんでしょう。長く時間はとりませんから」

ラテン人種はこういう時そんならちょっとだけと譲るのを知っているので、わたしは粘った。

彼は厳格にノーを言い張った。そしてつけ加えた。

「ストライキは今日まで。明日は開きます」

それから彼は二人の男に向かって英語で事情を説明した。彼らは、そうかと簡単に頷いた。わたしのように、それでもなんとか等とは言わなかった。代わりにコインブラに帰る方法を尋ねた。コインブラ行きのバスは午後二時ごろ、此処に回ってくる。その一本だけ。それを聞きながらわたしは思う。こんなに何もない野晒しの風の中で四時間も待てやしない――。と、彼はつけ加えた。もう一つの方法は歩いてコンディシャという村に下りること。四、五十分で着くだろう。そこのバス停だと一時間に一本ぐらいコインブラ行きが通ると、風に吹かれながら指さした。遠くに教会の塔が小さく見えた。あの道を回って、それから下りていけばいいと。

今度は二人の男が先、その後からわたしで野道を歩き始めた。道は教会を巡り、小さな閑散とした村に入った。家の側を通る度に風の中から犬が現れ吠えた。牙を剥き出して侵入者が見えなくなるまで吠え続けた。

足の長い二人は、早足で歩く。足が短く方向音痴のわたしは、見失ったら迷ってしまうと小走りになる。それに気づいて彼らも時々立ち止まっては、小粒の日本人を待った。そうしてぼつぼつ言葉を交わし始めた。二人はノルウェーの北部からバカンスで来ているとのこと、六十歳前後に見えた。

ノルウェーは今、冬の最中。昼でも暗い。ここは冬でも太陽が輝く。言葉は風に吹きちぎられて度々聞こえなくなったが、そんな意味のことを言った。村を抜けると風は山の斜面めがけて吹きつけ、埃を巻き上げた。雲も風と同じ方向に飛び、だが青空が覗く度に薄陽が漏れてきた。

わたしはやっぱり遺跡が見られなかったことを口惜しがったが、彼らはストライキだから仕方ないと淡々とした口調だった。そして言った。自分たちには太陽と青空がなによりだと。翌日リスボンからノルウェーに帰るということだった。

コンディシャのバス停は、教会の前にあった。広場や郵便局、店が周りに集まり、買物袋を下げた人たちが往き来していた。一時間後にコインブラ行きのバスが通ることを確かめた後、ノルウェー人は村を見て回りたいと言い、わたしは広場で待つことにした。

体がみょうに熱っぽく、石のベンチに腰掛けても意識はふわふわ空間を漂っているような気がした。

広場は落葉の匂いがして、鮮やかな黄の世界だった。地にも頭上にも空間にも、トーンの異なる黄が広がっていた。上は枝を広げた梢、下は落葉の絨毯、奥行には黄葉のまっ盛りのマロニエや楡の木立ち、その中に時々黒衣の小さな女たちの姿が現れた。風が通ると落葉は舞い上がり、上からも降ってきた。時々射し込む陽は斜めの光線になって黄の空間を貫いた。

すぐ側を女たちが通ると、彼女らの話し声が耳を掠めた。その未知の言語は、さわやかな風の音に似ていた。少し熱のある身に、青田を通り過ぎていく風のような余韻を残した。

彼女たちは一様に小さく年老いて見えた。どの女も全身黒をまとっていた。黒い服黒いスカート、靴下も靴も黒、それはこの村の女たちの風習なのか、それともカトリックの勢力が強い村では今も身内の死後、一生喪服で通す慣習が守られているのか。村のメイン・ストリートに点々と混じる他の色彩は男たちのセーターか、若い娘たちのもの。黒は女たちだけの色だった。

だが、日に焼けて寡黙な女たちの表情はみょうに懐しい。どこかで、思い出せぬほど遠い記憶の中で、よく知っている表情だと思う。わたしたちの祖母たち、母たち、今も阿蘇の村里でよく見かける老いた女たちにつながるもの。一生を働き続け男たちにつかえ、家族に尽くし、寂しい忍耐を身につけていった女たちの持つ雰囲気、黒衣の小柄な姿はそれと共通するものを持っている。熱のある体がふわりと大きな暖かさに包まれるような気がする。

ポルトガルのファド、ことに抑えられた情と悲しみの滲むリスボンのファドは、こんな女たちの内面から生まれたものかもしれぬ。

正面のバス停には、時々バスが止まる。買物を下げた女たちが乗り込む。バスはもっと奥の村へ向かって発車する。わたしの脳裡には、羊と鶏の匂いが染みついたポルトガルの小村が浮かぶ。教会の鐘の音と風に晒され、星は濃く光り、今日はきのうと同じように、明日も今日と同じように時が流れ……、気がつくと、わたしの傍には二人の女が腰掛けていた。買物の袋が側に置かれていた。二人は今買ってきたばかりの品物を見せあっている。一人は子ども用の赤い手袋、もう一人は白地に赤の格子縞のテーブル掛け。そこへ又、一人老人が加わった。腰の曲がった実に小さなおばあさんも。石の腰掛に積まれた買物袋は、だんだん増えた。四人は一塊になって話し続ける。意味のわからぬ言葉には、シューシューという音が混じり、風が抜けていくように聞こえる。

「マリアー」。太い声がして、すぐ近くに止まった車から男が下りてきた。四人よりずっと若い。頑丈な体つきだ。日に焼けた顔の両頬が赤い。彼が側に来ると、四人の声はぐんと活気づいた。頬の赤い男は、何か言いながら四人の買物袋を一度に持ち上げた。年寄りたちも彼に続いて車に乗り込む。

車は黄の広場を後に走り出した。わたしの想像は又動き出す。近隣の村から、息子かそれとも親しい知人が迎えにきたのだろう。帰り着けば、女の子はさっそくおばあさんが買ってきた赤い手袋をはめるだろう。もう一つの家では赤い格子縞のテーブル掛けが広げられ、そのささやかな変化が家の中を明るくするにちがいない。まもなくポルトガルの村も冬に入る。灰色の寒い日が続く。

二人のノルウェー人が戻ってきた。わたしも現実に帰る。コインブラ行きのバスはまもなくだ。

ローマ人はひたすら道を作り続けた。働きアリのように山があれば山を越え、川があれば石の橋をかけ、どこまでも伸ばしていったという。大地を掘り、石を砕き四角の形にして敷き詰めた道の断片や二千年前の橋が今もあちこちに残る。ガイドブックによれば、大西洋に面したリスボンから北のブラガまでポルトガルを縦に貫く街道もその一つ、コニンブリガ遺跡は途中の山間に作られた町である。

「遺跡」という言葉は、なにか人の心を引きつける。真夏の日に照りつけられていても、満天の星の下でも、野の花に囲まれていても、暗雲の許でも風の中でも、日常とは異なる沈黙に耳を澄ます土地、そんな気がする。

その日、風に晒されたコニンブリガ遺跡を見ることはできなかったが、あの黄の光景と黒衣の女たちの姿はいつまでも心に漂った。

翌日のバスでもう一度行ってみようと夜の宿で考えた。


さっき一緒にバスを下りた母娘が、遠くに小さく見える。その他には誰もいない。晩秋のコニンブリガ遺跡は、立ち止まるといろんな音が聞こえてくる。頭上を飛翔の音が横切って、一羽の鳥が飛び去っていく。どこかで水の音がしている。岩間を滑り落ちるような清冽な音、谷川があるのだろう。不意に鳥の鳴き声が始まった。向かいの山から湧き上がり、静寂を貫き廃墟に響く。そして止んだ。野草の花がまだあちこちに咲いている。その昔は浴場だったという場所にも、水路の跡にもかつての往来にも。十一月も終わりの花は一回り小さく色だけが濃い。遠くであの母娘がしきりに笑っている。だが声は聞こえない。

ストライキの翌日、晴れ上がったローマ遺跡は明るい静寂に包まれていた。ひと時、それに耳を澄ました。

だが石の廃墟は何も語りかけてこなかった。寺院も店舗跡も住まいのモザイク床も目の前に冷たく横たわり、気まぐれな旅行者の視線を硬く撥ね返した。わたしの感受性はそれに突き当たって畏縮してしまった。

二千年近い時を経てきた強固なローマの文化跡を見るには、ロマンチックな憧れは役に立たぬ、地道な勉強と下調べが必要だということを思い知らされた。

翌日の朝早くバスでコインブラを発ち、日の入りかける頃スペインのバヤドリードに帰り着いた。


コニンブリガほど大規模ではないが、バヤドリード近郊の野にも幾つか古代ローマ人の邸跡がある。その一つがサルダーニャという村のもの、そこは世間によく知られたエピソードを持っている。生粋のバヤドリード人であるクレメンテという人が、話してくれた。

その周辺では、時々畑仕事中にモザイクの一片が出てくることはあった。見つけた人は喜んで売りに出し、かなりの値段で買われるという。だがサルダーニャでは違った。クレメンテの知り合いでもある畑の主がトラクターでいつもより深く耕していた時、石に当たるような感触が機械から伝わってきた。掘り返してみると、土中に埋まってどす黒いがモザイクが出てきたという。その出会いが彼の人生を変えた。以来、耕作を放り出し来る日も来る日も手仕事で掘り続けた。クレメンテは通りすがりに、たった一人畑にしがみついて発掘を続けている姿を見かけたという。その間家族はどうやって暮らしていたのかわからぬが、大広間、幾つもの部屋、廊下、浴場と次々に出てきて、とうとう邸跡の全部が発掘された。床暖房の仕組みまであった。床は洗われ磨かれ、石のモザイク模様や絵がくっきり姿を現した。その間、公の機関にいっさい頼らず全部独力でやったという。

マドリッドの国立博物館はそれを調査して、住居跡の貴重なモザイクをそっくりそのまま首都の博物館に引き渡すよう命じた。なぜならそんな歴史的な宝物は、個人の所有物である筈がなく世界の財産なのだからと。

苦労して掘り上げた所有主はノーを言い張り、裁判が始まった。

今も見物客は、カスティージャの風に晒された野にぽつんと有る住居跡を訪ねる。もちろん入場料を払わねばならない。

最初に行った時、入口には疎らな白髪の男が窶《やつ》れた顔で立っていた。そしてやってくる人から入場料を受け取っていた。クレメンテはしばらく彼と立ち話をして、後からわたしたちに言った。彼が自力で遺跡を掘り上げた人物だ、今は病気がちらしいと。見物の客はまばらだった。二度めに行った時は、様変わりしていた。空地の駐車場には車が並び、住居跡は簡素な作りの建物で囲まれ、見物客は行列を作っていた。入場料はあの白髪の人でなく、窓口で若い二人の女が受け取っていた。裁判がどのように進行しているのかは、クレメンテも知らなかった。

最初の時は、すぐ間近に立ち止まってモザイクの絵を一つ一つ好きなだけ見られた。二度めは新しく作られた通路で行列の中からの見物になった。三度めも同じ。石のモザイクだ。よく見れば実に細かい石のかけらが嵌め込まれ繋ぎ合わされて、大がかりな絵や複雑な図案を形作っている。長い時を地中の泥に埋まっていた絵柄は、石特有の色合いと風情を放っている。二千年前の古代ローマ人が想像だにしなかった未来からやってきたわたしたちの目には、床いっぱいに石の花畑が広がっているように見える。だが彼らは裸足で無造作にその上を歩き回っていたことだろう。あそこを素足で歩けば、楽しいだろう。堅く冷たい石の感触が伝わってくるだろうな。彼らの日常生活は今のわたし達には想像もつかないが、少なくとも目に美しく体に強固な感触のこの床の上で保たれていた事は確かだ。

大広間の床を占める絵はギリシャ神話の一場面、ユリシーズ、アキレスと彼を囲む豊満な女たちが描かれている。図らずもユリシーズに見つかって、うろたえたアキレスの表情がなんともリアルでかわいらしい。微妙に色調の違う石片の配列が、それを織りなしている。ぎょっと驚いている女たちの目も、体にまとう衣の軽やかさ、柔らかさも全て石の効果だ。その絵の周囲を主《あるじ》の家族らしい一人一人の肖像モザイクが取り囲む。遙かな昔、此処を訪れてきた客人はこの絵の中に足を踏み入れていただろう。そしてアキレスの困った顔に目を向けては、主に向かって軽口を叩いたかもしれない。

狩りの絵が描かれている部屋がある。木と花の中を逃げ惑う獣たち、追いかけるローマの男たち、ふと振り返った獣の目がすぐ後ろにふり上げられた武器を見て、一瞬凍りつく。凍りついたままの目で地中に過ごし、今また人目に晒されている。彼の恐怖は今も見ている人間の目に生々と伝わってくる。

廊下や回廊には、渋い色調でまとめられた幾何学模様が続く。

もちろん煮炊きの場やその周りの小部屋にモザイクはない。

説明書きには、この邸はローマ帝国が傾きかけた三世紀から四世紀にかけて作られたものだろうと書かれている。本国の騒動をはるかに離れた地方で、全てを自給自足で維持しながら生活を楽しんでいたという。それを支えていたのは、さまざまな職種の奴隷たちだった。

この邸跡を調査した学者たちは、そのような推測をしたという。

モザイクの床も、ローマ街道と似通ったものを見る者に語りかけてくる。働きアリのように、蜜蜂が蜜を集めるように、せっせと働き続け一つのものを完成していった人の姿を。もう一つの村にある住居跡には、モザイクが出来上がっていく過程が展示された博物館がある。まず石を集め、細かい四角に切り砕き、同じ色合に分類し、それから絵や図案に構成されていった。全てが手仕事で、完成までにかかった年月と忍耐は……、もうわたし達の想像力を超えている。眩暈さえ感じる。

だが、そうやって出来上がったモザイク床は年月に磨かれた硬質の美しさだけでなく、一沫の希望も吹き込んでくる。人間の美しい一側面を目の前に見ているような気がする。これも、古代ローマ人とその奴隷たちが後世の人間に残した心の宝物だと思う。

最初の訪問から二年めの一月、再びコニンブリガ遺跡に行った。バヤドリードを朝発って、バスを三回乗り換える。その間に中食のレストランに止まり、スペインとポルトガル国境の検問所でパスポートを調べられ、林の奥に沈む真紅の夕日を眺め、それからバスは灯の花になったコインブラに着く。全部合わせて約十時間から十一時間の道のりである。

コニンブリガ遺跡は、真冬の沈黙の中で綿密な設計図のように横たわっていた。谷川の音が絶え間なく横切り続ける。

真っ直ぐな主要道路が小さな町を東西に走る。豪華なモザイクのある邸や浴場は町の中央部を占め、店舗は東の端に集まる。寺院はもう一つの区画にある。今、その寺院の中にさっきバスで一緒だった日本人の若いカップルが見える。

噴水のモザイクは青を基調にしたさざ波が広がっていくような模様、浴場のは白、茶、黒の幾何学模様。町に引き込まれた水路は、地形が今とそれ程変化していないのなら、向かいの山の谷川から持ってこられたのかもしれぬ。

更に離れた区画を占める野外劇場は、修理中だった。

リスボン・ブラガ間の中継点として作られたというこの町は小さい。永住の地ではなく、仮住まいの町、旅の町だったらしい。それでも町並は整い、モザイクは美しく、生活を潤す設備も整っている。

一刻み一刻み道も伸ばしながらの途中、何もなかった山間の土地をたちまち整然とした町に作り変えたのだ。その設計図のような町の跡を見ていると、とにかく生活を楽しもうとしたローマ人の姿がうかがえる。

辺鄙な山あいにいきなり出現した町には、夜毎に燈火が燃えていただろう。男たちのトーガ（古代ローマの男たちの衣服）は大通りを闊歩し、女たちの嬌声が響き、山の動物たちは見知らぬ動物の猛猛しい群に恐れをなして身を潜めたろう。だが煮炊きの匂いや奴隷たちが沸かす湯の香は、周辺まで広がったにちがいない。

野外劇場では、ギリシャ悲劇を演じる俳優の高らかな声、人間との闘いに怒り狂った獣の咆哮、ある時は人間同士の闘いに敗れた男の凄まじい呻き、着飾った美女や屈強な戦士たちは平然とそれを見物していたことだろう。

ローマ本国の滅亡と共に町は衰え、やがて忘れ果てられ、そして今は又世界各国の見物客を呼び寄せている。

ポルトガル当局の粋な計らいか、それとも只の無頓着からか、周辺には今の所騒々しい観光設備が何もない。そこで訪れた人は遺跡に流れる悠久な時に包まれる。

出口で又さっきの日本人のカップルに会った。二人とも大きなリュックを背負っていた。彼らは、なんだか圧倒されて言葉がない、これから少しポルトガルの村を見て回る予定だと言い、わたしはコンディシャに向かって歩き出した。

バス停の村へ下りる道は、途中で二つに分かれていた。あの日風の中で右を取ったかそれとも左だったか、全く思い出せなかった。立ち止まると、微かに堆肥の匂いがしていた。周りの慎ましい畑には野菜の緑が並び、あちこちにオレンジ色の実をつけた濃緑の木があった。その時、遠い教会の塔をバックに歩いてくる一人の老人の姿が見えた。鳥打ち帽を被り、杖を突いていた。

すぐ側まで来ると、彼はポルトガル語で何か話しかけた。わからなかった。だが、――見かけぬ人だが、こんな所で何をしているのか――と尋ねたんだろうと勝手に推測し、スペイン語で答えた。コンディシャに下りて、そこからコインブラ行きのバスに乗ると。わかったのか、わからなかったのか、彼はフムフムと頷いた。

二つの言語はよく似ている。他国人には不可能だが、ポルトガル人とスペイン人の間では相手の言葉を知らなくても会話は通じるという。

わたしにはわからぬが彼にはわかるらしい奇妙なやり取りをしながら、左の道を取ってしばらく一緒に歩いた。まもなく同じ道の彼方に、手押し車の人が現れた。全身黒のおばあさんだった。鳥打ち帽の老人は声を掛け、立ち止まり、二人の間に会話が始まった。手押し車には肥やしが積まれていた。老人はわたしを指さして何かを説明し、その中に何度かコンディシャの名が出てきた。黒い老女は日焼けした顔いっぱいを笑みにして、今度はわたしに話しかけた。口と一緒に目玉を回し、片手も振った。

——おやまあ、コンディシャまで歩くなんて。遠いよ。だけどあのバス停の側には、パン屋があってね。そりゃ旨いのさ。昼時には焼きたてのパン持って、この辺を回るんだよ。あたしゃ毎日そのパンを待つのさ——

バス停、パン屋、昼時、車とキャッチできた単語を繋ぎ合わせて、勝手にそう想像した。そして、「シーシー」とわかったふりして頷いた。

二人は村人同士の会話に戻った。その雰囲気から何かが話題になっている事が察せられた。だが話す内におばあさんの陽気な顔がだんだん深刻になり、片手で涙を拭いた。老人はその肩に手を置いて、一言何か言った。

「オブリガード」(ありがとうよ)

おばあさんは優しい笑みになった。

杖を突きながら老人は又しばらくわたしと一緒に歩いた。そんな事など念頭にもなかったが、もう一つ分れ道が出てきて彼はそこで立ち止まった。杖で右を指して何か言った。——わたしは此処で帰るが、コンディシャはこっちの道、これを下ればバス停に出る——何も知らぬらしい小さな年配の日本人が迷わぬよう、彼は別れ道まで送ってきてくれたのだった。

「ありがとうございました」

二度と会うことはないだろう老人に、わたしは日本語で礼を言い心から頭を下げた。

「アディオス」

彼は片手を上げた。

コンディシャのバス停には、本当にパンの匂いが仄かにしていた。

コインブラ

ポルトガルの古い大学の街コインブラには、二つの鉄道駅がある。一つは特急の発着する何の変哲もない新しい駅、もう一つはローカル線の出入りする古い駅。その駅の通りに面した正面の壁からは、立派な大時計が街を見下ろしている。だが、何故かいつも同じ時刻を指したまま針は動かない。初めて見た時はポルトガルとの時差のせいだと勘違いして、自分の時計をそれに合わせたものだったが。

古い方の駅は街を東西に横切るモンデゴ川の岸辺にある。数本の線路はそこで終わる。終着駅でもある。中に入ると、人の匂い、鉄の匂い、古い時代の汽車の匂いが微かに感じられる。線路はどれもモンデゴ川に沿って走り、プラットホームに立つとすぐ目の前を広やかな流れが、悠々と通り過ぎていく。川面は空と岸辺の光景を映し、日の沈んだ後はバラ色の流れになる。周りが暮れかかっても川は静かな明るみを放ち、ラッシュ時の騒々しい時間を和らげる。流れは駅を離れると大きく曲がり、対岸の山向うに姿を消す。大西洋はそこから近い。モンデゴ川は街を出た後、更に川幅を増し大西洋に注ぎ込む。夕暮れ時その川を見ながらプラットホームのベンチに腰かけていると、自分の存在が消える。

夜、川面は街の灯に煌めく。人が寝静まった夜中には、岸の外灯が水の中に並んでゆらゆら揺れる。そして夜明け、刻々と光の増す空が映し出される。薄いバラ色、淡いブルー、それから対岸の山が水の中に現れる。

駅は活動を始める。

プラットホームの一角には、年配の夫婦が働く質素なバルがある。日暮れ時には仕事を終えて帰る人たち、これから何処かへ出かける人たちがひっきりなしに出入りする。ここではスーツケースやボストンバッグの代わりに嵩張った黒いビニール袋を持った人たちをよく見かける。ビニール袋とはいえ、二、三枚重ねればボストンバッグの役目をする。ポルトガルの生活水準は、EU諸国の中で下から二番めに低い。

小さなバルには、そんな人たちの生活の断片が横切っていく。中世からの大学都市だったという街だから、駅のバルでも学生の姿をよく見かける。狭いテーブルでノートを写し合ったり、本を読んだり甘い物を頬張りながら喋ったりしている。彼らの服装は一様に質素で単純だ。素朴ないい表情をしている。

一日の仕事を終えた後で、生ビールを一気に飲み乾す草臥れた顔の女もいれば、汚れた作業着のままカウンターでボカディージョ（パンに生ハムやトマトをはさんだもの）を食う男もいる。

昔も駅が好きだった。人も汽車も電車も、束の間そこに止まっては離れていく。留まらない。今も同じ。だからコインブラに行く度に、川の流れを感じ駅が見える宿に止まる。いつも次のものへ向かおうとしている定まりのなさに、心引かれる。

だが一人の旅ではことに夕暮れ時喉も心も乾く。そこで駅のバルに出かけては二つの乾きを潤す。

バルの奥さんは忙しい。ひっきりなしに続く客の百円前後の買い物に、いつも駆け回って応対している。生ビールを注文する。奥さんは無言でそれをカウンターに置き、値段だけを言う。するとすぐに向うの方から、このパン幾らと声がかかる。ビールのお金を受け取ると、その声に走る。

主人の方は一ヶ所にでんと座って、エスプレッソを注いだり、ボカディージョを作ったりしている。

ひっきりなしに人が入れ替わるそのバルで、一組の親子に出会った。

思い詰めた顔で何か考え込んでいる若者が、わたしの前方にいた。若者というより、年齢の見当がつかなかった。二十歳のようでもあり、四十歳のようにも見えた。痩せた両肩を縮め、首を前に突き出したまま、同じ一点にずっと目を向けていた。さっきから同じ姿のまま、もしかしたらそうやって何かにじっと耐えているのかもしれない。昔、時には今も、あんな顔で考え詰めることがある、わたしも。齢を取って、人前では決してそんな顔はしないが、自分の思いに捉われている表情だ。周りの人も見えない。明るい思いではない。

すぐ隣りに年配の男が並んでいた。日と風に晒されて暮らしている人のような黙々とした顔を真っ直ぐに上げ、モンデゴ川の方に厳しい視線を向けていた。

テーブルには、空っぽのコップが二つ並んでいる。二人は黙って座っていたが、親子だという事は見て取れた。

父が子に一言声を掛け、二人は立ち上がった。それぞれに黒い嵩張ったビニール袋を持ち上げた。がっしりした体つきの年配が先、痩せて小柄な息子はその後に続いた。さっきと同じ恰好のまま、両肩を窄《すぼ》め首を突き出して歩く。細い首筋は見えない手で押さえつけられているように動かない。硬直している。

驚いて見守るわたしの首も硬直する。横を向くことも、後ろをふり向くこともできない。視界は目の前だけに限られる。世界も限られる。前に見える父の足が速くなった。わたしは小刻みに走り出す。村へ帰る電車は、ホームの端に待っている。

明日から父は又、漁に出る。わたしは砂浜で働く。動けぬ首でも、できる仕事はある。潮の満ち引きを聞きながら、大西洋の青い輝きを浴びながら、入日の和みに包まれながら、生きていける。生きていかねばならぬ。

ふっとふり向くと、二つの目にぶつかった。旅行者の風貌をした女だった。その目は一人ぼっちで何か考え込んでいる初老の日本人を見ていた。

あの親子の姿は、コインブラの駅と重なって忘れられない。

コインブラの旧市街地は、小高い丘の斜面に広がっている。礼拝堂と古い図書館を備えたコインブラ大学は、その一番高い所にある。小さく美しい古都だ。東斜面のどの道を下っても、モンデゴ川の岸辺に着く。坂の大半は車の通れぬ石畳、その途中にやっぱり石畳の大小の広場が点在する。その内の一つにはジプシー市がたつ。

そこでは地面に並べられた古物小物を物色する。自分も地面にしゃがみ込んで、売り手のジプシーと値段の交渉をする。そうやって手に入れ、得々として持ち帰った物が幾つかある。ベラスケスの「セビリアの水売り」、もちろん見た目は立派な額に入れられた複製だ。ぜんまい巻きの懐中時計、小さな小さな花が一面に彫られた銀細工のもの、だが持って帰ってみれば壊れ物だった。三百円もしない絹のセーターも買った。その広場の市では、ジプシーたちはスペイン語も操る。値下げ交渉は楽しい。だが本当に得をしたのは値を下げていった買手だったのか、それとも売り手だったのかはわからない。

静かな古都のジプシー市でも他の街同様、おもしろい形の帽子を被ったポルトガルのお巡りさんが見張っている。午後三時頃になると、広場は空っぽになる。仕事を終えたジプシーたちは、わが家に帰って中食を始めるのだろう。

今年の一月下旬、その時はもう三時を過ぎていたので市は終わっているだろうと思いながら、広場に続く坂道を登っていった。ところが三つの露店がまだ残っていた。ジプシーではなく、金髪の若者やヒッピー崩れのような年配の女が店を広げていた。彼らの売り物はたいていが手工芸品やささやかなアクセサリーなど、犬を連れている人が多い。半白髪になった金髪を長くたらした女の足許にも、犬が寝そべっていた。彼らの連れている犬は恐くない。その時も飼い主に断って、わたしは犬に話しかけた。ヒッピー崩れのような風貌の売り手たちは、決して愛想を言わぬ。だが彼らの犬の方は一般に人なつっこく優しい。その白犬も話しかけられたことがうれしいように、ぺろぺろ手や顔をなめた。その時、地に並べられたアクセサリーの一つが目を引いた。皮紐にぶら下げられた竹細工のペンダントだった。舞い上がるトンボの羽のような、軽やかな形をしていた。小粒の赤い石がその羽と紐を繋いでいた。

自分のアイディアで作ったものだと彼女は言った。顔は齢を取りオーバーは傷んでいたが、ブルーの目は傲然とわたしを見てそう言った。値段は少し高かった。どうしようかと迷いながらふと目を上げた所に、二人の警官が居た。二人の目はじっとわたし達を見守っていた。長い半白髪の売り手と、東洋人の買い手と汚れた白い犬を。小心者のわたしは、その視線が気になった。値段の交渉もせずに言い値通りの代金を渡しながらチラッと目を向けると、やっぱり四つの目とぶつかった。もしかしたら、麻薬の取り引きを見張っているのかもしれぬ。薬のルートは思いもかけぬ所に潜んでいるというから。

広場を立ち去りながらふり向くと、二人の警官はそのまま、彼女は平然と本を読んでいた。

その赤い実のような石をつけた竹細工は気に入った。こげ茶のセーターによく似合った。翌日の中食時、さっそくそのペンダントを下げて旧市街の食堂に入った。食べている時だれかに声を掛けられたような気がして、ふり向いた。隣りのテーブルから若い女が床を指さし、しきりに何か言っている。床に転がっていたのは竹細工の羽、胸に残っていたのは紐と小粒の石だけ。拾い上げてなんとか石に止めようとしたが、わたしの手では無理だった。

ナザレの入日

ポルトガルの村や町を歩くと、子ども時代のどこかでよく知っているような懐しさに包まれる。薪風呂の匂いのような、それとも稲刈りが終わった後の田面《たづら》のような……。

なぜか、わからない。

ポルトガルに旅する時は、安いバスで行く。朝バヤドリードを発ち、サラマンカで乗り換え、野飼いの豚や黒牛の群を見ながら走る。国境ではバスが止められ、お巡りさんが乗り込んでくる。乗客はパスポートや身分証明書を見せる。わたしの時は、「サンキュー、マダム」と英語で言いパスポートを返してくれる。たまにはその地点で下ろされる人もいる。バスが発車した時、寂しい顔で突っ立っている人を窓から見たことがある。大きな荷物を持った黒い肌の男だった。

其処からはもうポルトガル、バスは時々小さな村の側を通る。窓の向うに暮らしの断片が一瞬覗く。煙突から煙の出ている家がある。両手に薪を抱えた女が、チラッとバスの方を見て家の中へ入る。犬が寝そべり鶏のたむろする庭やら、干された洗濯物やらが現われては消える。オリーブ畑の収穫光景も見た。長い棒で実を叩き落とし、何人かでそれを拾い集めていた。

日が傾いた時、もう一度バスを乗り換える。林の奥を染める夕焼けを見ながら山地を走り抜ける。下の闇の中に灯の島になったコインブラが現れる。

二年前に行った時、遠くの野に幾つか道路新設の工事を見かけた。今ではもう真っ直ぐな高速道路になり、村と畑の光景は遠ざかっているかもしれない。

ナザレはコインブラからバスで二時間あまりの所にある。大西洋が目の前に広がる白と青の村だ。白は丘陵の斜面を埋める家の色、抜けるような青は空と海のもの。急傾斜の道はどれも海辺に下りる。海岸通りにはレストラン、宿、みやげ物屋が並ぶが、一歩坂道を登ると其処は村の世界に変わる。どの道からもふり向けば、白壁の狭間に群青色の大西洋が覗く。頭上には家々の窓から干された洗濯物が並び、道はいい匂いがする。

年配の女たちはだれもがナザレの伝統的な衣服を着ている。風変わりな毛糸の帽子、膝までの重ねスカート、刺繍した前掛け。ちょっと背を屈めると、四、五枚重ねたスカートがパッと開いて色取り取りの裾が見える。昔むかしからナザレの女たちは、その衣装で暮らしてきたそうだ。身近な人を失った女たちは全身黒、黒の前掛けに刺繍された糸模様のなんと見事なこと。市場でも道でもそんな女たちと擦れ違う。つい立ち止まってふり返る。黒いスカートも取り取りの色のも一歩毎にフワフワ揺れ、太った人形が歩いているような姿に見える。だが男たちと一緒に漁業仕事をやってきた女たちの腰は、人形みたいに括れていない。強くて頑丈だ。パンと張った立派な腰つきだ。

入日の時には、海辺に人が集まってくる。犬や子等は砂浜を遊び回り、老いた人たちは腰を下ろして入日の海に向き合う。日はゆっくり沈んでいく。広場には露店も出る。きっとそれもナザレの習慣なのだろう。

長く伸びた光線はガラスを突き抜けてレストランの奥まで入ってくる。海沿いのバルにも射し込む。客はその間オレンジ色の輝きに包まれる。太陽が水平線に沈むにつれ、光は床から壁の高みへ上がっていく。テーブルと椅子が置かれただけのバルの内部は、ひと時入日の和みに満たされる。

ある夕方、広場の石の腰掛けで、全身黒のおばあさんと一緒に入日を眺めた。どちらが先だったかは思い出せぬ。海の反射光が広場の石畳にも届いていた。二人は並んで腰かけ、大西洋に隠れていく真紅の日を黙って見守った。わたしは、この夕日が死んでいく時目の前に現れたらいいなあと思いながら。おばあさんが何を思っていたのかはわからぬ。先に立ち上がって途中でふり返ると、黒い後姿はまだ光の消えた海面をじっと眺めていた。

ある日、ある時の情景

カテドラルの鐘の音

パレンシアはローマ時代以前からの歴史を持つという小さな古都、あちこちに教会や修道院がある。そこから鐘の音が湧き上がっては消える。

だが、雪解けの夕方に聞いたあの鐘は忘れがたい。特別な音色を響かせた。

その街には通称「知られざる美」という名のカテドラルがある。車で三十分の所なので、語学学校の校長先生はわたし達を度々そこに連れていく。若い頃パレンシアの修道院で二年間を過ごした彼は、カトリックの造形美術に対して豊かな知識を持っている。おまけに表情たっぷりに説明するのが大好きな人だ。

そのカテドラルは、ロマネスク様式とゴシック様式の入り混じった壮麗な寺院である。暗い冬空の下でも晴れ上がった青の下でも、見上げる度に自分が小さく小さく縮んでいく。石の建物の内部は深い沈黙が行き渡っている。そこで待っていると、案内の僧が現れる。いつも同じ人だ。手に古びた錠前の束を持って、わたし達を案内してくれる。ギィーッと音たてて扉が開けられ、次々に鍵で閉ざされた部屋に通される。その度に金や緑、紅の石が光る美術品、祭典に使う金銀細工の様々な器具が現れる。グレコの絵画もある。だが鍵を握った僧の説明は素っ気無い程簡単だ。歴史的な事実だけを一言か二言のセンテンスで、ぶっきらぼうに伝えるのみ。顔は何の感情も映さない。黙って聞きながら、内心わたしは思う。もう何年となく同じ事を続けていて、説明するのも案内するのもうんざりしているのにちがいないと……。

このカテドラルで最も興味深いのは、二重の鍵を開けて下りていく地下の礼拝所だ。僧は投げ出すように言う。

「古代ローマのカタコンベ」

と、この辺で歴史も詳しいわたし達の先生は我慢できなくなって横から説明を加える。話す程に彼は熱を帯び、豊かなスペイン語が迸《ほとばし》りその表情は目まぐるしく変化する。つられて他のグループの観光客も寄ってきて、説明に聞き入る。案内の僧はその間側に立って、説明が終わるのを待っている。別段、気を悪くした風《ふう》でもなく、長閑かな顔で待っている。途中でふっと気がついた先生は、「失礼、つい夢中になった」と謝る、とは言え、いつもの事である。

最後に訪れたのがこの三月、乾燥しきったカスティーリャの冬には珍しく、雪の降る日だった。降雪の下で石の街は日暮れ時のように暗かった。その時はイギリスでラテン語の教師をしているという人も加わった。宗教文化や歴史に強い関心を持っているという事だった。先生はとても張り切っていた。だがカテドラルの案内に現れたのは、やっぱり同じ僧だった。そのラテン語教師を配慮して、僧が一言か二言のガイドをする度に先生は雄弁な説明をつけ加えた。それでも僧は次々に扉を開けると、いつも通り自分の説明は続けた。その途中で近い位置にあるステンドグラスの窓が深い色彩を帯びて美しい光を放ち始めた。それから壁の外で鐘の音が始まった。

パティオ（中庭）を巡る回廊に出たとたん、鐘の音はワーンと高くなった。思いもかけず回廊には夕日が太い光線になって射し込んでいた。雪は止み切れ切れになった雲がパティオの頭上を流れていた。どの雲も夕日を映して濃い赤色だった。聞いている内に鐘の音は益々高まり、調子を変えていった。

「今日は特別のミサがある」。僧は言った。

夕日と鐘は一体になって小さな街に広がり続けた。

「おいで、おいで。ミサが始まるよ。待ってるよ」

高らかに響き渡る声で街のだれかれに呼びかけているように聞こえた。

「まるで、鐘が話してるみたい」。わたしは思わず僧に言った。

「そうだ。わたしはこの鐘の音が大好きだ」

思いがけぬ言葉だった。その時は初めて、いつ会っても四角四面同じ表情のその人に親しみを感じた。

トビー

トビーは白い静かな盲導犬だった。サン・チャゴ通りの銀行前で宝籤を売る主人の足許に寝そべって、仕事が終わるのを待っていた。トビーの主人は盲目の宝籤売り、数珠つなぎにした札を首にぶら下げていつも同じ場所に立っていた。時々大声を張り上げて客を呼んだ。札一枚は大体二百円前後、当たり籤の番号は毎日変わる。その日に買った札が運よく当たればいくらかのお金がもらえる。スペイン政府が目の不自由な人たちの自活のために編み出した独自の宝籤制度だ。名をオンセという。人はわずかな期待を持ってその札を買う。わたしも週に二、三回は買い続けているが、まだ当たった事はない。だが買い重ねている内にオンセの人たちと知り合いになった。トビーとその主人のハビエルもそうだった。

街のだれもがトビーの事を知っていた。あの長身で有名なスペイン国王が宝籤売りのハビエルにプレゼントしたという犬だったから。だがわたしが知り合った頃は、その白い優しい犬はだいぶ草臥れているように見えた。主人の足許にいつも寝そべって眠りこけていた。寒い日には背に毛布を掛けていた。

通りすがりの子どもたちや、齢を取ったわたしも、「トビー」と声を掛けてちょっとだけ遊んでもらったものだ。名を呼ばれるとトビーは顔を上げ、礼儀上相手の指をぺろっと嘗めてくれた。それからまた目を瞑り眠り始めた。だが、きっかり午後の二時、午前の仕事を終えて家での中食に戻る主人を誘導するトビーの姿は、見違える程立派だった。尻尾をピンと上げ堂々と歩いていた。

語学学校からの帰り、ほぼ毎日その一人と一匹のペアに会っていた。

おととしの十二月、乾いた雪の舞う日だった。ふと気がつくといつもの人混みの間に見える筈のトビーもハビエルも居なかった。数日そんな事が続いて、わたしはなんだか気がかりになった。

その後久し振りにハビエルの姿を見かけて近寄ったが、トビーの姿はなく一人だった。代わりに白い杖を持っていた。

「あれ、トビーはどうしたの」。まず最初にわたしは尋ねた。

「オンブレ！（ああ！）　トビーは一週間前に死んじまった。あいつ！　鼻の癌だった。最後は鼻から血が迸り出て手の施しようもなく、医者の手で殺されちまった。俺は泣いたね。ワーワー声上げて泣いたよ。十四年間だぜ、いつも一緒だったから。今だって此処に居るような気がする」。聞きながら、わたしまで涙が滲んだ。

王さまがプレゼントした当時はピチピチした元気盛りの盲導犬だったことだろう。それから十四年間互いに自分の体の一部のように一緒だった後の苛酷な別れは、聞く者にも耐え難かった。

しばらく経って、ハビエルの姿は再び通りから消えた。オンセの人によれば、「今、マドリッドだ。新しい犬との合宿のために、二ヶ月かかるそうだ」という事だった。

それから二ヶ月後、彼は新しい犬と一緒に銀行前に戻ってきた。犬は褐色の毛深い体、名をバイロンと言った。わたしはちょっと興味をそそられて尋ねたものだ。

「イギリスの詩人と同じ名だね。どうして」。彼は言った。

「そんなの知らないね。最初からバイロンだった」

その四月、一旦帰国して再び十一月にバヤドリードに戻ってきた時、そのペアの姿はなかった。クリスマスが過ぎても新しい年になっても現れなかった。同業者に尋ねたら、「オンブレ！ハビエルは入院した」と応えた。

マロニエの木立ちに淡い緑が芽吹き始めても、その一人と一匹は戻ってこなかった。

今年も十一月、わたしはまたこの街にやってきた。だが居なかった。同業者ももうハビエルとバイロンがどうしているのか、知らなかった。

ロバの勘違い

生まれた時から羊の群の中に居て犬や羊飼いと暮らし一緒に年を重ねていくロバの目に、その仕事仲間たちはどんな風に映るだろうと時々考える。ロバの顔はいつも穏やかで優しい。土埃にまみれている。だが時々人間臭い表情を浮かべる。それが妙に懐かしい。つい話しかけたくなる。

　十一月半ば、晩秋のカスティージャをバスで横切っている時、遠くに羊の群が見えた。地と空の狭間で草を食《は》んでいた。空一面に雲がうごめき、耕されたばかりの大地は微妙な色調の赤色、時々雲の間から陽が射すと土の赤は映えた。バスはその群に近づき、羊たちの真中に小さくロバが立っていた。背に毛布を掛けていた。灰色の空の下で赤、黄、青の縞の色取りが際立っていた。バスから見えている間中、ロバは身じろぎもせずじっと立っていた。吹き晒しの野は寒そうだった。

　空と地の果てしない広がりの中に居る羊の群は、わたしの心にはいつも二千年の昔から変わらぬ時の流れに映る。

　これまでのスペイン滞在中、幾つかの村で印象的な個性を持つロバたちに出会った。首の鈴はカランカラン鳴り、羊の歩調に合わせてぽこぽこ歩く。道に立つ見知らぬ人間を恐がって群が走り出すと、ロバも走る。犬は躍起になって駆ける。一度など小さなグレーのロバが不意に立ち止まって、訝しそうにわたしを見た。ロバの目は言った。

――見かけぬ奴だなあ。こんな所で何しているんだい。

夕暮時、寒々とした入り日の射し込む村の、空っぽの道でだった。

そんなロバたちを世間は少々ばかにしているらしい。間抜け、のろまの喩えに「ロバみたいに」というスペイン語がある。

かつて牧羊はスペイン中部の最も重要な産業であったという。知人の住む村にも羊飼いがいる。もう相当の年配だ。日が昇ると知人の家の前を通って野に出向き、日が沈む前には戻ってくる。朝日の中でも夕日の中でも、遠ざかっていく羊たちのむくっとしたお尻の群は、一つ一つやわらかい輝きを帯びる。一行が通った後の道には、小さな糞が幾つか転がっている。その鈴の音が聞こえ始めると、方々で村の犬が吠え始める。牧羊犬の血を持つ知人の犬など、たまらないような姿になって鈴の音が消えるまで庭をびゅんびゅん駆け回る。そのように、羊飼いもロバも犬も年がら年中多分何十年も、日の動きに従って単調な暮らしを続けている。

朝、窓を開けた時、一度か二度年配の羊飼いに付き添っている若いのを見かけた。見るからに不満そうな顔をしていた。知人によると、羊飼いの数は激減しているという。

そのロバについては、一風変わった思い出がある。何年も前のこと。

ある午後その村道を歩いていた時、遠くから無数の鈴の音がし始めて、まもなく羊の群が現れた。わたしは邪魔にならぬよう脇に避けて、彼らの通り過ぎるのを待った。ロバがすぐ前を通りかかった時、――やあ、人生に不満はないって顔をしてるねえ――、という軽い気持ちで片手をさし出した。と彼も立ち止まった。そうしていきなりその手をぱくっと口の中に入れた。急いで引き抜こうとしたが、右手はもう彼の歯の間に挟まれていた。後の方から近づいてきた羊飼いに、大声で言った。

「このロバ、わたしの手を食おうとしている」。彼は歩調を崩さず長閑に答えた。

「セニョーラ、あんた、手にキャラメルかなんか持ってるんじゃないかえ、此奴の好きな物を」

そうして手助けする事もなく歩き続けた。ロバも手を銜《くわ》えたまま歩き始めた。優しい目に似合わず、歯は頑丈で太かった。無理に引き抜けば、ガブリとやられそうだった。仕方なく彼の口の中に手を置いたまま、群と一緒に歩いた。とことこ、とことこ。もう思い出せぬがロバは途中で手を放してくれたのだろう。無傷で家に帰った。だが彼の口の中のぬくい感触は今も覚えている。

トレドの雲

一度トレドを訪れた人に、その雰囲気は忘れ難いものになって残るらしい。もう一度行ってみたいと何人もの人が言うのを聞いた。きっと多くの日本人の胸に、それは各々異なる像になって刻まれているのだろう。無数の水玉が同じ空と光を一つ一つ違った色合いと形に映し出すように。

もしかしたらそれは、深夜の入り組んだ路地に漂う神秘性かもしれない。夜が更けると、トレドの路地は慣れた人さえ迷わせるという。街燈の灯だけが音も光も消えた石畳の闇を照らしている。仄かなその明りの、なんと静かに優しく見えることか。それとも町から一望するタホ川の流れかもしれない。野の遠くに姿を現し、トレドに近づき、町を支える山塊に沿って一巡りする。それから再び野の中を遠ざかり、ポルトガルを横切り、リスボンで大西洋に注ぎ込む。

あるいはカテドラルの壮麗な姿、トレドの画家グレコの絵。

わたしの胸にまず浮かぶトレドのイメージは、雲とおばあさん。

その町はなぜか胸の疼くような懐かしさをかき立てる。他の国の、日本と異る文化に育まれた町なのに、遙かな昔のどこかで知っているような……。マドリッドから近いので、電車でふらりと出かけてはその日のうちに帰ることもできる。

世界遺産の町だから、各国から観光客が押し寄せる。それなのに、方々の片隅に古色蒼然とした独特の雰囲気が漂っている。頑固な土着の暮らしと気質、とりどりの顔立ちしたツーリストたち、二つの流れは溶け合うことなく入り混じっているだけという風に見える。

トレドの旧市街に登る道のバス停で、ある光景に出会った。そのベンチにこの辺りの人らしいおばあさんが腰かけていた。スカートの両膝をどかっと広げて、日向ぼっこをしているようだった。同じベンチの端にはもう一人典型的なアメリカ人という風貌の娘がすわっていた。リュックを背負っての一人旅らしかった。でもジーンズの折り曲げた裾に覗く靴は、流行の先端をいくブーツだった。年代も世界も言語も異なる二人は、互いに無関心に陽を浴びていた。と、不意にアメリカ娘が背を曲げてリュックを開け、中からゴム草履を取り出した。それから慎重な手付きでブーツを脱ぎ始めた。おばあさんの太った横顔は、娘の手に向けられた。彼女は脱いだ靴下とブーツをビニール袋に入れ、リュックに収めた。裸の足は石畳、ゴム草履は手に持ったまま、目を閉じて陽を吸い込んだ。

「おやまあ、おやまあ」、おばあさんの目はそう言いながら、まじまじと娘を見守り続けた。そんな視線など気もつかず、若い彼女はぶるんと金髪を一振りすると、エイとばかりリュックを背負った。そしてゴム草履をはいて歩き始めた。おばあさんの横顔はずっとその後姿を追っていた。

わたしは、いつまでも発車しないバスの窓越しに二人の光景を見ていた。一つの物語を感じた。おばあさんも、フランコの独裁政治とカトリックの強力な支配の下で人生の大半を生きた人たちの一人なのであろう。ブーツをゴム草履にはき替えた娘に、何を思っていたのかは謎だが。

トレド一帯に広がる雲はおもしろい。町の地形とその裾を巡るタホ川が、何かの気象現象でそんな雲を形成するのだろう。一度見た雲は黒の巨大な塊だった。だが東西に伸びる裂け目から、空が青い帯になって見えた。異様な水色をしていた。黒を貫く鮮やかな水色の直線は、非現実の世界を暗示した。

町の片隅で出会った写真展でも、トレドのカメラマンがとったタホ川の雲が主題になっていた。その一つに白いふっくらとした玉の形をした雲があった。山際を曲がりかけたタホ川の真上、山塊の端に立つ見晴らし台より少し下の位置に、ふわりと浮かんでいた。球になった雲なんて……。その土地に根付き、そこを愛し、そこで老いていく人にしか見えないトレドの心髄を、雲の写真展は語りかけてきた。

教会とつばめ

カスティーリャ地方の北に、コバルビアという名の村がある。その土地の伝統的な造りの家が並ぶ静かな村だ。だが冬は寒い風に晒される。教会は谷川のすぐ岸にある。川向うは地平線まで野が続き、昼間は人気なく、夜は闇と星に包まれる。村の教会には貴重な美術品があり、十四世紀ノルウェーから嫁いできて二十歳足らずで病死した姫君の石棺が安置されているので、時々人が訪れる。神父さんは其処から少し離れた広場脇の家に住んでいる。だから中食後教会を訪れた者は、しばらく川風の吹く教会前で待たねばならぬ。頑丈な扉には時代を経た錠前がぶら下がり、神父さんはわが住まいでたっぷりの中食とワインの後、のんびりシエスタ中であるから。

去年の十月初旬もそうだった。スペイン語のルーツを巡る旅に参加した年配ばかりのグループは、黄ばんだマロニエの木立の下で待った。ずい分待った。年配の太った神父さんは黄色い木立の下に現われると、やあと片手を上げた。待たせて悪かったと言うこともなく、木の扉を開けた。と、その瞬間目の前をさあっと黒い群が横切って、扉の内側に飛び込んだ。人間のグループはその後から入った。明りがつけられ、神父さんは話し始めた。その頭上を鳥たちは好き勝手に旋回し、ひっきりなしに囀り続けた。彼は話を中断し、鳥の群を見上げながら言った。

「冬はすぐ其処だね」

それから人間のグループに目を下ろした。

「ツバメが教会の中に入り出したら、冬は近い。こいつ等は南に発つ前にたらふく喰っては、教会の中で遊んでいく。なんといっても此処は外より暖かいから。毎年のことです」

そして、祭壇画の説明を続けた。

自由気儘に教会の中を飛び交うつばめの姿は、キャッキャッとはしゃぎ回る子らとそっくりに見えた。

その日は秋の真っ只中でマロニエは黄に光り、空は輝く青に広がっていた。だけど、つばめはその背後に冬の気配を察知したのだ。

十月に入ると、スペイン中部を占めるカスティーリャ地方は急速に寒くなる。雨は降らず土地はカラカラに乾く。くり返し聞かされることだが、農耕と牧畜に頼ってきたこの地方の人々は、絶えず空を睨みながら固い土を耕し種を蒔いた。突然の天気異変で取り入れを待つばかりの穀物が、一夜にして台無しになることも度々あった。人はいつ急変するかわからぬ天気への不安を抱えて暮らしていたという。だがその頃の村には、自然の微妙な気配で天気を察知する人が一人か二人は居た。このつばめ達のように……。彼らの宙返りを目で追いながら、聞いたり読んだりした事のあるそんな話を思い出した。

わたしの住む阿蘇でも、そんな人に会ったことがある。いつも戸口に腰かけて山を眺めていた老人がいた。ある日、季節は覚えていないが空の晴れ渡った朝、通りかかったわたしに言った。

「今日は雨になりますすばい」

青空を見上げて、わたしは首を傾げた。

「見てみなっせ。杵島《きしま》岳の頭が雲かぶっとる」

ハーそうですかと半信半疑で立ち去ったが、その日午後を過ぎると何処からか雲が集まってきた。夕方には本当に雨が降り出した。数年後その人は道の横断中を車に撥ねられて死んだ。

北外輪山の麓に住んでいたおばあさんは、辛夷《こぶし》のことを種つけ花と呼んでいた。まだ灰色の空にその白い花が開けば、籾種を水に浸《つ》ける時。そこで種つけ花。

気がつけば頭上につばめの陽気な声が飛び交い、神父さんの声は貴重な美術品をていねいに説明し続けている。グループのメンバーはその両方を聞きながら目を動かす。一瞬、石の教会の内部が開き、自然と人間が呼応しあう空間がふわりと覗く。

羊たちの鈴の音

遠くの草原を吹く風の音のように、耳を澄まさねば聴き取れない。でも無数の密やかな音がする。ゆっくりゆっくり近づいてくる。

それが羊の群の音だ。一匹ずつが首にぶら下げている小さな鈴の音色だ。

親が牧羊犬だったコルは、人間より先にその気配を感じて両耳をピンと立てた。それから高い塀に囲まれた芝生の庭をぐるぐる回り始めた。姿の見えぬ羊の群にコルの血はどうしようもなく騒ぎ立ち、風になってビュンビュン走り回った。鈴の音が消えてしまうと、普段のコルに戻り、のんびり芝生に寝そべった。

今、塀の外でその音がし始めた。だが新芽の吹き始めた芝生は空っぽ……。コルはもう居ない。

――去年のクリスマス、阿蘇に日が暮れかかった頃、電話でコルの死が伝えられた。主人の両膝に頭をのせたまま死んでいったという。最後に目を上げ、愛する主人の顔をちらっと見てから、次第に息を引き取っていったという。老齢による死だった。苦しみはなかった、だが今もあの目が浮かぶ度に不思議な気持ちがする、電話の向うで彼は言った——。

密やかな鈴の音は近づいてくる。

わたしは塀の扉を開けて、道に走り出る。

向こうの曲がり角から、羊の群は後から後から現れる。ここの羊飼いもロバも犬も、もう何年来の知り合いだ。最初のあの時以来。ロバが何を思ったのかいきなりわたしの右手を口に銜え、そのままぽくぽく歩いたあの冬の夕方以来。仕方なくわたしも彼らと同じ歩調でとことこ歩いたものだった。

老いた羊飼いは、わたしを見ると「久しぶりだね。又来たのかい」と立ち止まった。と、羊の群も止まる。犬も尾を振る。二人の間に立ち話が始まる。ロバもこちらを向いて、とことこ側に寄ってくる。

「やあ、しばらく会わなかった間になんか齢取ってしまったねえ」。そんな目でわたしに顔を突き出す。このロバ、小さい時から四六時中人に犬、羊と一緒に暮らし、人間も自分と同じロバと見なしているのにちがいない。「また会えてうれしいよ。本当だよ」。そう言いながら彼の汚れて優しい顔を撫でる。ロバは挨拶をすますと安心して、わが仲間の方へ戻ろうと向きを変える。と、丸いお尻が見えたとたん、背にぶら下げていた二つの袋から小さな顔が覗いた。わたしは目を凝らした。二つの顔はそっくり同じだった。二つとも前足を袋の網目にかけていた。羊飼いはその一つをひょいと取り出した。実に小さな子羊だった。

「生まれたばかりの奴だよ」。そして、ほらとわたしに手渡した。丸裸の子羊は、それでもわたしの両手の中で立ち上がろうとした。だが、たちまち崩れた。小さな体の暖かみと心臓の動きが、手の平を通して心に伝わってきた。まっさらな命に触れているような気がした。去りかけたロバは、その間お尻を向けたまま一歩も動かずに待っていた。知っているのだ、生まれたての仲間を背に運んでいるのを。ほとんど重量を感じない子羊の体をそうっと袋の中に戻すと、ロバはまた歩き出した。そして羊の群に入り、そこで立ち話が終わるのを待った。

日の出、日の入り、大地の草と共に動く彼らの生活のテンポは、ゆったりしている。

羊飼いが歩き出すと、一行も一緒になって歩き始めた。もちろん臆病な羊たちは、わたしを横目で見ながらできるだけ迂回して通り過ぎていった。

羊飼いの家は教会の後にある。坂を下りると広い畑地、その向うをデュエロ川が流れ、日は真紅の玉になって川岸の疎林へ沈んでいく。羊飼いの後姿もロバも羊たちのお尻も、みんな夕日の中を横切っていく。

老いた羊飼いは去年までにその仕事を止める筈だった。だが羊とロバの引き取り手が見つからず、今も続けている。いつまで出来ることやら、立ち話の中でそう言っていた。

あくせくしない生活

「メディナ」はアラビア語で、都を意味するという。約七百年間をイスラム文化の支配下にあったスペインには、メディナという名を持つ町が点々と有る。

メディナ・デ・カンポもその一つ、野の真中にある市の意味を持つ。教会の鐘の音が響き渡る落ち着いた町である。単調でゆったりした生活の流れには、周辺の野の気配が入り混じる。

小麦が熟れれば黄と陽の輝きに囲まれ、町を吹く風には乾いた野の匂いがする。

小さな町にもかかわらず、その中央には見事な石畳の大きな広場がある。石畳のあちこちに、糸巻の絵、ブタの顔、小麦の穂などの図柄が彫り込まれている。十六世紀その町が地方商業の中心地だった頃の名残りだという。広場には定期的に市が立ち、方々から持ち込まれる産物はその図柄に従って広げられていたとのこと。きっと糸巻の所には刈り取られた羊毛が置かれ、ブタの顔の所にはハテ何が……。広場はとても大きいので、真中に立つと自分が豆粒になる。方形の広場を取り囲んで、古い建物が並ぶ。その一階にはバルにカフェ、馬具屋、時計修理屋などが店を開いている。

夕方近くなると、シエスタを終えた人たちがぼつぼつ其処に集まってくる。子どものかん高い声、乳母車の赤子を真中にして賑やかに談笑する二組の家族の光景、カフェのテラスに座って新聞を読む人、広場の夕方はくつろぐ町の人たちで和む。せっかちな国から来ているわたしなど、どうしたらそんなに悠長に暮らせるんだろうと思ってしまう。

バヤドリードから電車で三十分の近さなので、散歩がてら広場の夕方を見に出かける。

夕日は建物の背後から広場に射し込んでくる。見えぬ入日が傾くにつれ、橙色の光の領域がまっ直ぐな斜線をなして、ゆっくり石畳を退いていく。光と陰の静かなその動きは、心の中にも広がる。時にはそれを見ながらカフェのテラスでビールを飲む。

広場の側にあるお菓子屋は、手焼きのクッキーを売っている。松の実、木の実が混ぜられて味が楽しい。

ある日その店で一組の親子に出会った。年配の小柄な父親と大柄な若者、二人はしっかり手をつないで入ってきた。気がつくと、その若者がすぐ側に突っ立ってまじまじとわたしの顔を見ていた。ちょうど幼な子が見慣れぬ顔を瞬きもせず見守るように。なんだか自分が奇妙な小動物になったような気がした。きっとこの子、日本人のおばあさんなんて見たことないんだ、わたしはびっくりしているその顔にニコッと笑いかけた。と、いきなり彼は尋ねた。

「名前は何」。たどたどしい口調だった。

「ユウコ。日本から来てるよ。君の名は」

「ホシート」

と、横から父親が口を挟んだ。「この子はわからない。失礼だが、ニホンが何かも」。そこで、わたしはつけ加えた。「日本は海に囲まれた……島の国」。美しいと言いかけたが、できなかった。今では美しくない。代わりに稲田が浮かんだ。

「島のあちこちに、田んぼが広がっている」。若者が理解できるように、「水でいっぱいにした米畑のこと」と、説明した。

「稲田はいいよ。稲はだんだん大きくなる。すると田んぼの色も音も匂いも変わっていくんだよ」。若者は更に目を見開いた。この子はわからないと言った父親もフムフムと頷いた。日焼けの染みついたごっつい顔のどこかが若者とよく似ていた。

それから二人はクッキーを買い、「アディオス」と挨拶してわたしより先に出ていった。大きな息子は左手にクッキーを持ち、右手は父親の手にしっかり握られていた。

アラビア語の名を持ついなか町で見かけた暮らしの断片、なぜか印象に残っている。あくせく流れぬ生活の良さを、親子の後姿に感じた。

一枚の絵の行方

カスティーリャの埃っぽい村には、どんなに小さくてもかならず教会がある。たいてい村の一番高い所にあって、家々がそれを見上げるように取り巻いている。周囲から忘れられたようなそんな村の教会で、時々実に美しい絵や祭壇画に出会う。その一つがオリバーレス・デ・ドエロという村の教会。坂を登っていくと、一番高い所で白っぽい石の聖堂に行き着く。十六世紀に建てられたという。

これまでも数回行った事があるが、二月半ば三人の連れとまたそこを訪ねた。カスティーリャの冬に特有な冷たくきれいな光の中で、丘の上の教会は全身に日を浴びていた。重い木の扉には錠が掛かっていた。

祭壇画を見に来た者は、坂の中途にある一軒の家の呼び鈴を押さねばならない。すると錆びついた鍵をぶら下げた女性が出てきて、見学者を案内してくれる。

扉が開けられると、仄暗い空間の奥に祭壇画が現れた。石の壁に切られた狭い窓から射し込む光で、金色の柔らかい輝きを帯びていた。

正面の壁いっぱいを被《おお》って、中央に聖者たちの小さな像が縦に並べられ、その周りに聖書を基にした五十枚近い絵がきちんと列を作って配置されている。金泥を基調にした鮮やかな色合いだ。

鍵の女性は祭壇の前に立って説明を始めた。最初の時は何が何だかわからずに、ずっと見上げっぱなしの首の痛みだけ感じながら説明を聞き終わった。今では不十分ながら理解できる。宗教に縁のないわたしは、その内容にはあまり興味を引かれない。だが色彩の深さに目を奪われる。十六世紀の作だというのに、なんと鮮明な色合いを残していることだろう。聖者のマントの燃える赤、明度の高い黄の衣、強烈な緑が金泥を背景に際立っている。どれもが当時の有名な絵師の手で描かれたという祭壇画は、仄暗い静寂の奥で一つの神秘的な空間を織りなしている……が、下から二番目の列に一枚だけ絵が欠けている。代わりに地の木目が覗いている。その部分がなんとも滑稽にみえる。

質問に応えて、女性は言った。

「これには、訳があるのです」

「ほんの三十年位前まで、村の者は誰もこの絵を見たことがありませんでした。黒ずんだ祭壇画だけを知っていました。絵は煤で被われていたのです」

長い歴史の過程で村も教会もある時はペストに見舞われ、ナポレオンの侵略に脅え、祭壇画は次第に煤で汚れていったという。

ところが近年、スペインが世界の観光地となるにつれ、打ち捨てられていた修道院や教会も莫大な費用をかけて修復されていった。そこでこの教会の絵も一つ一つ外され、バヤドリードの専門店に運ばれた。その手の専門家の手で五百年近い煤は落とされ、元の絵に甦った。ところが村に戻ってきた絵は、一枚足りなかった。専門店に問いあわせてもわからなかった。何処かの過程で盗まれたのかもしれぬという結論になり、一枚足りぬまま祭壇に嵌め込まれた。

女性は続ける。つい最近その絵を盗んだ人物が明らかになった。その手の国際的な組織の一人だったという。今は観光地で有名な南のマジョルカ島に豪邸を建て、悠々と暮らしているそうだ。絵の事ではテレビにも出演して、「俺が盗んだおかげで、あのちっぽけな教会が有名になったんだ」と息巻いたとのこと。ジョークの好きなスペイン人の事だから何処までが本当かはわからぬが、かつての盗人がマジョルカ島に住んでいること、テレビに出たことは全くの事実らしい。

それでは、肝心の絵の行方は……。誰も知らないという。マジョルカ島のその金持ちも知らないという。相当な金額で買い取られ、どこかの金持ちの邸に飾られているのかもしれないね、と、長閑な口調で言って、その女性は説明を終わった。

犬の声

ソリアへ行くバスの乗客が、スーツケースを荷台へ入れ始めた。わたしもしんがりから自分の荷を置こうとした時、奇妙な物が目に飛び込んだ。実に小さな茶色の手が、傍の木箱の中から突き出ている。しきりに空を掴んでは、何かを捜している。と、横から声がした。

「わたしの犬です。窓口で人間と一緒には乗れない、荷台ならいいって言われたの」

年配の女性だった。彼女は自分の手で犬のかわいらしい手を包むと、甘い声で言った。

「わたしの大切な命や、少しの辛抱だからね。辛いけど、がまんするんだよ」

と、木箱の中から声だけが答えた。

「くーん、くーん」

バスの中は前半分が若い女性たちのグループで占められ、後部はガラ空きだった。でも犬の飼い主は空いた席には行かず、わたしの横に腰を下ろした。ソリアまで三時間、その間一人黙っているなんて厭なんだなとわたしは思う。スペイン女性のお喋りはよく承知しているから。

バスが発車するとすぐ、彼女は未知の日本人に自分の犬のことを話し始めた。

「息子がソリアへ転勤になって、訪ねていく所です。ずいぶん悩んだけど、犬のジャニーも連れていく事にしたの」

ソリアは、山合いにできた寒く寂しい古都である。セニョーラは話し続ける。

「ここ二、三日心配で心配で、夜も眠れなかった。バスの旅など、わたしのジャニーは初めてのことだから。掛かり付けの医者が精神安定剤をくれたから、乗る前に飲ませたんだけど」

わたしは犬の精神安定剤があるのかと、内心驚いた。

「家じゃ、庭も家の中も自由に走り回ってるからね。父が水車小屋の持ち主だったから、庭が広いのよ」

車窓では果てしない高原台地の上を、さざ波の形状をした白い雲が南に向かって動いている。だが、すぐ隣りのお喋りは止まない。

前方の丘に古城が現れた時、床下で犬のなき声が始まった。最初はクーン、クーン切なげな声、セニョーラは腰を浮かす。——ジャニーや、わたしの命、ママはすぐ上にいますよ——。犬はちょっと黙る、が次の瞬間、訴えるような長いなき方に変わった。セニョーラは幾つもの呼びかけ語を床に向かって言う。

「あたしの命。愛しいひとよ、あたしの心臓や、ママは此処だからね」

と、不意に運転席から大声がした。

「誰ですか、犬を連れてるのは。バスに連れ込むのは禁止されてます」

「ちゃんと、荷台の中にいますよ」

セニョーラの声は大きくなる。と、犬の声も激しくなる。

「荷台だろうと何だろうと、犬の持ち込みは禁止されてます」

彼女はかっとなって言い返す。

「窓口がそうするように言ったんです」

下の方で犬のなき声は悲鳴になった。

「おわかりですか、犬よりわたしの方がずっと辛い思いしていることが。ああ、どうしていいものやら。かわいそうに」

どうやらセニョーラには、わが犬のなき声の他は何も見えぬようだ。

「とにかく」、と運転手が言いかけた時、前の女性たちが口々に犬の味方を始めた。若いエネルギッシュな彼女らの声に押されて、運転手は黙った。犬の悲鳴は金切り声になって続く。隣りのセニョーラは、もう喋らない。救いを求める必死な声は、わたしの心まで切り刻む。ああ、早く着けばいい、一時間、あと三十分、神経がきーんと逆立ってくる。そして到着。セニョーラは物も言わずバスをかけ下りた。

荷台の前に小さな犬がいた。興奮状態で動き回っている。セニョーラは、迎えにきていた息子を見上げてしきりに喋っている。わたしは彼女に挨拶した。でもバスでの出来事を報告するのに夢中で、気がつかない。代わりに息子の方が目で挨拶を返した。

ワイン作りで見たこと

ワイン作りは、スペインの歴史と文化を支える要の一つと言われている。

国土の中央部を横切ってポルトガルに行くドウロ川流域にも、一大ワイン地帯が広がる。車で走っていると、見渡す限りのブドウ畑の中に点々と醸造所が現れる。ボデガという。二代三代と受け継がれてきた家族経営のものがほとんどで、それぞれが個性と物語を持つ。建物の周囲には、そこのブドウ畑が広がる。春先の剪定作業の後、ブドウの木は強い太陽を吸い込んで繁り実をつけ、秋の冷気で甘味を貯える。そして収穫、ボデガは大忙しになる。幾つかの作業を経て絞られたブドウ汁は樫の樽に入れられ、地下の貯蔵庫に積み上げられる。そこは常に一定の温度が保たれている。穴蔵の小暗い静寂の中で、数ヶ月、数年をかけてゆっくりワインになっていく。樽の成分も吸収しながら、あの深い色合いと味に熟成されていくという。

ボデガにとっての関心事は、もちろん販売を伸ばすことだが、決してそれだけではない。ワイン作りに誇りと情熱を持っている。その心がワインに伝わっていく。彼らの話を聞いていると、そう感じる。

いいワインは、ハイテクだけに頼れない、熟練者の勘、目、鼻、手と人の体全体で作っていくんだと力説する。

訪れて来た者には、誰かにくっ付いてきただけのわたしみたいな素人にも、其処のワインが振る舞われる。グラスに注がれたワインは、灯を映して柘榴石の輝きを帯びる。それを口に含む。ふわっと広がる匂い、味、深いワインカラーの液体が喉元を滑っていく。胃の腑に沁みる。すると目の前に一瞬、ブドウを育てた土壌と太陽、蔓を手入れする男たち、樽の中で時を過ごすワインの静寂、そんなものをぱあっと感じる。そして何となく幸せな気分になる。

わたしの滞在するピソ〈マンション〉の持ち主は、ボデガの経営者と子ども時代からの仲良しなので、時たま其処に連れていってくれる。サロンに入ったとたん、真正面のガラス張りを透かしてブドウ畑が目に飛び込む。収穫を終えたばかりの時期であれば、鮮かな紅葉に変わった畑が空まで迫り上がっている。一方の壁には大きく引き伸ばした写真がある。白黒の年代物だ。畑の真中に四人の子が立っている。今しも、ハイ・ポーズの合図で四つの顔はにこにこっと笑ったばかり。すぐ側に麦藁帽子の父親が畑を打っている。ザックリ、土に鍬を打ち込んだままカメラに向かって顔を上げ、仕事着の体は弓なりだ。四人の中で一番年長の細っこい体の女の子が今の当主で、名をルビーという。鍬を打つ父親が先代、祖父さんの代に興されたものだという。

もう一つ、〈スペイン語の道〉と名付けられた恒例の旅で、立ち寄るボデガがある。旅の一行はそこの食事にも招待される。食堂はなんと地下の穴蔵にある。樽に眠るワインの匂いを嗅ぎながら通路を辿っていくと、奥の方に頑丈な木のテーブルと椅子が並べられ、そこが食堂になる。元は修道僧だったというコックさんが作る実に旨い豆スープと、乳飲み子の羊の肉がごちそうされる。岩壁に開けられた竈には火が燃え、子羊の肉はジュージュー音をたてる。高価なワインもどんどん出てくる。客の前には羊の骨だけが積まれていく。肉の食えぬわたしは、横目でそれを見る。赤ん坊羊の骨は、細く白い。

招待客がある時、当主は仕事着を背広に着替えてテーブルに着く。先代の当主も背広になって杖を突きながら食堂に下りてくる。親子は並んで座り、客をもてなす。二人は誰よりも大声で喋り笑い、食い飲み、場はだんだん賑やかになる。客たちも打ち解け、笑い声が弾ける。

そんな事も古いボデガの慣わしなのだろう。確かに、ワインに染み込んだ作り手たちの心は、それを味わう者にもそこはかとなく伝わってくる。

あとがき

イベリア半島で出会った人、幾つかの土地の姿、動物など、印象に深い光景を文章にしては、季刊誌「道標」に出していた。その一連の小品をまとめ、石風社にお願いして本にすることにした。

母が他界して十二年が経つ、その間ずっと彼女の言った一言が心に掛かっていた。八十七歳、亡くなる前の年、アルツハイマーと診断され意識の混濁が進んでいた母が、ある夜いきなり言った。「ユウコさん、もう一回本をお出し、金がないならお母さんが手伝うけ」。思いがけぬ言葉で、わたしは心底驚いた。だが、母の顔は真剣だった。「はい、わかった」と故意にそっ気なく答えながら、涙が滲んだ。一瞬澄んだ脳裡に浮かんだ母の最後の願いだろうと思った。人生に何を残すこともなく齢をとっていくわが娘への……。

今、ささやかな内容の本ながらその約束が実現できそうになった。出来上がったらまず母の霊前に供えよう。

ある時は晩秋から春にかけて、ある時は厳冬に、一度はマロニエの緑が匂う五月に、いつも同じ街、空気の乾いたバヤドリードに滞在して数ヶ月を過ごす。バヤドリードはカスティーリャ地方の真中にある古い街、他からは頑固で保守的な街と見做されている。冬も夏も厳しい気候に晒されたカスティーリャ地方自体が、突慳貪で乾いた土地柄という悪評を持つ。その人柄も気候に似ている。だが、人情味は濃い。本当に困った時、外国人であろうと見知らぬ人であろうと、さっと手をさしのべてくれる。わたしなど、何度かそれに救われた。

表紙の絵はカスティーリャの乾き切った野、木の育たぬ広大な野に点々と立つ鳩小屋である。よくは知らぬが野生の鳩はかつてカスティーリャ人の栄養源であったらしい。ウルエニャという独特の雰囲気をもつ村でこの絵を見つけた。店の主はエッチングの作者の名を言ったが、全く覚えていない。今度行く時、この表紙を見せてお礼を伝えようと思う。

最後に石風社の福元満治さん、スタッフの方々、ていねいに校正を重ね一冊の本に仕上げていただきありがとうございました。同時にこれらの小品を載せていただいた「道標」の編集の方々にも、心からお礼申し上げます。

吉田優子

＊初出一覧

〈スペイン語の道〉を辿る旅　「道標」第16号（二〇〇七年春）
修道院のある村、サント・ドミンゴ・デ・シロ　「道標」第18号（二〇〇七年秋）
詩人の生まれた村、モゲル　「道標」第22号（二〇〇八年秋）
カセレス　「道標」第15号（二〇〇六年冬）
ポルトガルの村　「道標」第15号（二〇〇六年冬）
ある日、ある時の情景
カテドラルの鐘の音　「阿蘇」二〇〇四年十二月号
トビー　「阿蘇」二〇〇五年一月号
ロバの勘違い　「阿蘇」二〇〇六年一月号
トレドの雲　「阿蘇」二〇〇六年十二月号
教会とつばめ　「阿蘇」二〇〇七年二月号
羊たちの鈴の音　「阿蘇」二〇〇七年六月号
あくせくしない生活　「阿蘇」二〇〇七年十一月号
一枚の絵の行方　「阿蘇」二〇〇五年四月号
犬の声　「阿蘇」二〇〇八年七月号
ワイン作りで見たこと　「阿蘇」二〇〇八年一月号

吉田優子（よしだ ゆうこ）

1942年、熊本県菊池市に生まれる。

熊本大学教育学部卒業後、阿蘇郡の中学、小学校に勤務。

1997年に退職、現在に至る。2000年からスペインのバヤドリードに、年に数ヶ月の滞在を続ける。

著書 『原野の子ら』『十文字峠』

旅あるいは回帰——イベリア半島の古都と村

二〇一〇年十月一日初版第一刷発行

著者 吉田優子
発行者 福元満治
発行所 石風社
福岡市中央区渡辺通二—三—二十四
電話〇九二（七一四）四八三八
ファクス〇九二（七二五）三四四〇
印刷 正光印刷株式会社
製本 篠原製本株式会社